김경동 시집

이제 우리는 무엇을 짓지?

이제 우리는 무엇을 짓지?

인쇄 · 2025년 10월 25일 | 발행 · 2025년 11월 3일

지은이 · 김경동
펴낸이 · 한봉숙
펴낸곳 · 푸른사상사

주간 · 맹문재 | 편집 · 지순이, 김수란
등록 · 1999년 7월 8일 제2-2876호
주소 · 경기도 파주시 회동길 337-16(서패동 470-6) 푸른사상사
대표전화 · 031) 955-9111(2) | 팩스 · 031) 955-9114
이메일 · prun21c@hanmail.net
홈페이지 · http://www.prun21c.com

ⓒ 김경동, 2025

ISBN 979-11-308-2333-1   03810
값 15,000원

- 저자와의 합의에 의해 인지는 생략합니다.
- 이 도서의 전부 또는 일부 내용을 재사용하려면 사전에 저작권자와 푸른사상사의 서면에 의한 동의를 받아야 합니다.
- 이 도서의 표지와 본문 레이아웃 디자인에 대한 권리는 푸른사상사에 있습니다.

이제
우리는 무엇을
짓지?

김경동 세 번째 시집

| 차례 |

■ 발문 우리 시대의 선비
    김경동 교수의 시와 함께 _ 장경렬   8

제1부 나와 배롱나무

물러나 새 길 가기   25
비 오는 소리   28
흐름 Ⅱ   29
흐름 Ⅲ   32
별을 그리는 마음   34
힘들어 힘들어   36
쉬어 가자   38
뒷모습 Ⅰ   40
뒷모습 Ⅱ   42
아버지의 방황   44
애스펜 회상   48
오이를 씹으며   50
가는 길   52
가을 하늘   54

꽃이면 다 꽃이다	56
나와 배롱나무	58
자명종自鳴鐘	62
이른 봄 함박꽃눈花雪	63
달력을 넘긴다	64

제2부 패러디 세상

도시都市	69
버성김의 계절	74
패러디 세상	78
소통이로고	83
패러디 탄소문화	86
만족滿足	89
새로움의 색조色調	92
풍선	94
자연이 복수를 하네	99
이제 우리는 무엇을 짓지?	105

제3부 칸타타 : 계성 찬가
계성 한 세기, 모교여 영원하라

서곡	109
어둠에 빛이 내리다	110
3·1의 횃불 높이	112
시련의 고비를 넘어	113
변화 속에 내실 다져	116
빛나는 계성의 아들들	120
모교여 영원하라!	123
피날레 : 교가	126

부록

철이 일등병	131
황소	138

■ 후기 147

| 발문 |

우리 시대의 선비 김경동 교수의 시와 함께

1

　김경동 교수의 이번 시집의 원고를 읽는 동안, 나에게는 문득 H. D. F. 키토(Kitto)의 명저 『희랍인들』(The Greeks)의 다음 구절이 떠올랐다.

　이처럼 『오딧세이』의 주인공은 위대한 투사이자 교활한 책략가이고, 언제나 유창한 연설을 할 준비가 되어 있는 화술가인 동시에, 신들이 그에게 내려 준 것을 별다른 불평 없이 견뎌야 함을 알고 있는 강인한 마음과 폭넓은 지혜의 소유자다. 아울러, 그는 배를 건조할 줄 아는 동시에 조종할 줄 아는 사람이며, 누구 못지않게 밭을 제대로 갈 줄 아는 사람이기도 하고, 또 원반던지기에서 허풍을 떠는 젊은이를 이길 능력을 갖춘 사람인 동시에, 권투, 씨름, 달리기 경기에서 파이아키아의 젊은이에게 도전을 할 수 있는 사람이기도 하다. 아울러, 황소를 잡아 가죽을 벗기고 고기를 잘라 요리를 할 수 있는 사람인 동시에, 노래를 듣고 감동하여 눈물을 흘릴 수도 있는 사람이다. 실제로 그는 탁월한 만능 인간이다. 다시 말해, 비상하다고 할 만큼의 아레테(areté)를 소유한 자다.

여기서 키토는 고대 희랍의 서사시에 등장하는 '이상적인 인간'의 자질을 밝히고 있거니와, 이 모든 자질을 갖춘 인간이 곧 "아레테를 소유한 자"다. 미국의 작가이자 철학자인 로버트 피어시그(Robert Pirsig)의 논의에 기대어 말하자면, '아레테'는 인간의 '탁월성'을 의미하는 단어로, 이는 오늘날 일반적으로 '미덕'(virtue)으로 번역된다. 어떤 의미를 지닌 말로 번역되든, 이때의 '아레테'는 우리에게 '전인적인 인간'이 소유한 이상적인 덕목으로 이해될 수 있을 것이다.

분업화와 전문화가 극도의 단계에 이른 오늘날의 현실에서 우리는 고대 희랍 사회가 꿈꾸었던 바의 "아레테를 소유한 자"가 되기를 누구에게도 요구하거나 기대할 수 없게 되었다. 하지만 우리는 분업화와 전문화라는 한계를 뛰어넘어 넓은 의미에서의 '전인적인 인간'이 우리 사회에 존재하기를 바라는 희망까지 저버릴 수는 없다. 그런 맥락에서 보면, 학문 연구에 진력하는 학자이면서도 이와 함께 시 창작이라는 문학적 또는 예술적 과업에도 열의와 성의를 다하는 김경동 교수는 우리에게 하나의 위안이 되지 않을 수 없다. 그는 "폭넓은 지혜의 소유자"이고, 또한 "실제로 ... 탁월한 만능 인간"이기 때문이다.

학문 연구와 시 창작이라는 서로 이질적인 두 과업을 무리 없이 조화롭게 수행하는 김경동 교수의 모습에서 우리는 우리 사회의 전통적인 '선비'의 모습을 떠올릴 수도 있다. 인터넷 표준국어대사전의 정의에 따르면, '선비'는 1) "학식은 있으나 벼슬하지 않은 사람을 이르던 말," 2) "학문을 닦는 사람을 예스럽게 이르는 말," 3) "학식이 있고 행동과 예절이 바르며 의리와 원칙을 지키고 관직과 재물을 탐내지 않는 고결한 인품을 지닌 사람을 이르는 말" 등의 의미를 갖는다. 요컨대, 선비란 학식이 뛰어나고 인품이 고결한 사람을 말한다. 문제는 이 같은 사전적 정의가 만족스러운 것일 수 없다는 데 있다. 만족스러운 것일 수 없음은 선비다운 선비라면 그가 일상의 삶에서 영위할 법한 풍류風流에 대한 설명이 따로 없기 때문이다. 우리나라의 역사를 살펴보면, 탁월한 선비로 추앙받는 분들은 학식이 뛰어나고 고결한 인품을 지녔을 뿐만 아니라 '시서화詩書畵'에도 능했다. 그들은 때로 시를 짓기도 하고 거문고나 가야금을 퉁기며 시가詩歌를 읊조리기도 했으며, 때로 붓을 들어 글과 그림을 남기기도 했다. 하지만 우리는 그런 선비들을 '시인'이나 '작가' 또는 '화가'나 '예인藝人'으로 칭하지 않는다. 선비에게 '시서화'는 있는 그대로 삶의 일부였지 그 자체가 삶의 목적이 아니었기 때문이다. 어찌 보면, 김경동 교수는 이러한 선비적 삶의 전통을 오늘날에도 이어가는 분이라고 할 수 있겠다. 비록 그는 기성 문단에 이름을 올린 시인이지만, 그에게는 '시인'이나 '작가' 또는 '예인' 과 같은 칭호는 옛 선비들에게 그러했듯 딱히 어울리는 표현이라고 할 수 없다. 무엇보다 그는 학식이 높고 학문이 깊은 선비다. 그럼에도, 때로 시를 짓기도 하는 선비, 우리 문화 고유의 선비로서의 삶을 살고 있는 분이다. 우리가 김 교수의 시 쓰기를 선비로서의 삶을 살아가는 학자라면 의당 수행해야 할 삶의 과제 가운데 하나로 받아들이고자 함은 이 때문이다.

2

김경동 교수의 이번 시집은 정년퇴임 무렵인 2001년부터 현재에 이르기까지 대략 25년 동안의 시적 성찰을 아우르고 있다. 이처럼 오랜 세월의 시적 성찰을 되돌아볼 때 특히 두드러지는 것은 삶에 대한 그 자신의 각성 또는 깨달음이다. 이는 물론 김 교수 개인의 각성 또는 깨달음이지만, 이를 시화詩化함으로써 이 같은 깨달음은 공적公的인 영역의 것이 되었다. 즉, 우리 모두는 "이제 물러남과 만나/ 함께 길 떠나면/ 세상이 훤하게 열리리라"(「물러나 새 길 가기」)는 깨달음 및 "흐름은 흐름으로 흐르고/ 삶은 삶으로 흐르고/ 역사는 역사로 흐르고/ 흐르는 세월 속에 거침없는/ 흐름은 모두를 아우르며/ 흐른다"(「흐름 II」)는 깨달음에서 시작하여, "발까지만 물이 차올랐을 때 이쯤이면 됐다 할 줄 알아야 행복할 수 있단다 / 이기적인 욕심에 눈을 뜬 사적인 충동인 인심人心을 / 천리天理를 따라 움직이는 애기 같은 마음[赤子心]인 / 도덕적 충동으로서 도심道心이 다스릴 수 있어야 / 채워도 채워도 만족할 줄 모르는 인욕人欲을 극복할 수 있단다"(「만족滿足」)는 깨달음 및 "지금이 늦지 않다 어서 속히 한 발자국 뒷걸음치면서 / 아무리 급해도 한순간 잠시 멈춰 / 긴 숨 몇 번이고 천천히 들이쉬고 / 스스로의 처지를 철저히 돌아보는 신중한 마음가짐 / 반드시 갖추도록 있는 힘 다 해야지"(「자연이 복수를 하네」)라는 깨달음에 이르기까지 공유할 수 있게 된 것이다. 김경동 교수가 시 창작 작업에 진력하고자 하는 이유를 여기서 찾을 수도 있겠다. 어찌 보면, 자신의 각성과 깨달음을 자신의 것으로만 머물게 하지 않고 세상의 모든 사람과 함께 나누는 것이 되기를 바라는 희망이 그를 시 창작으로 인도한 것으로 볼 수 있다.

  삶을 살아가며 우리가 함께 느끼고 깨달아야 할 지혜의 말씀을 남기는 것 이외에 김경동 교수는 시를 통해 우리의 현실 사회에 그 특유의 비판적 시선을 보내기도 한다. 아마도 이를 대표하는 작품 가운데 하나를 꼽자면, 무엇보다 「풍선」을 앞세워야 할 것이다. 이 작품은 시적 화자가 "시장 다녀온 아내의 그늘진 표정"에 "까닭"을 묻는 것으로 시작된다. 이에 대한 "아내"의 답변 ─ 즉, "세상"이 각박해지고 "살기"가 더 어려워졌다는 답변 — 은 김경동 교수와 같은 사회학자가 우리 사회의 세태를 조사할 때 현장에서 들을 법한 것이다. 말하자면, 지극히 산문적인 답변이다. 하지만 산문적인 답변에 이어 "아내"가 그에게 어떤 심경 토로를 했는지를 시적 화자는 이렇게 밝힌다. "재래시장 한 구텡이 쭈그리고 앉은 채 / 다 해진 천 원짜리 때묻은 동전 몇 푼 / 거스름돈 챙기며 한숨 섞인 푸념을 토해 내는 / 할머니의 구겨진 얼굴을 따가운 한여름 뙤약볕이 / 가차 없이 내리치는 모습에 / 아내의 가녀린 가슴에 둥둥 떠 있던 풍선이 빵 하고 터지더란다." 이 진술은 "아내"의 답변이 '산문'에서 '시'로 바뀌었음을 암시한다. "가슴에 둥둥 떠 있던 풍선이 빵 터"졌다는 심경 토로는 말 그대로 시적 표현이기에 하는 말이다. 이와 관련하여, 이때의 "풍선"은 시적 비유의 영역에 속하는 것임에 유의하기 바란다. 어찌 보면, 이 같은 시적 심경 토로를 통해 시적 화자의 "아내"는 그를 '시'로 인도하고 있다고 할 수 있다.

　대부분의 경우, 우리는 이 같은 시적인 심경 토로와 마주해서도, 시적 상상을 펼칠 마음의 여유가 없기에 답답한 현실에 대한 산문적인 이해의 차원을 벗어나지 못하게 마련이다. 즉, "아내"의 시적 심경 토로에도 불구하고, 현실에 대한 산문적 우려와 근심에 짓눌려 이를 벗어나지 못하게 마련인 것이 우리네 보통 인간이 아닐지? 사회학자라면 더더욱 이 같은 답답한 현실과 마주하여 현실적 이해와

실질적 해결 방안 모색에 몰두하지 않을지? 하지만 김경동 교수는 "아내"의 시적 진술에 화답이라도 하듯, 이에 상응하는 그 나름의 시적 진술을 이어간다. 「풍선」의 둘째 연에서 시적 화자가 "풍선"의 의미를 시적으로 심화하고 있다는 점에서 그러하다. "개발의 거목에 주렁주렁 탐스럽게 열린 풍요의 열매 / 너도 나도 손 내밀어 기를 쓰고 팔을 뻗어 보지만 / 열매는 허공으로 둥실둥실 떠오르기만 하는 실떨어진 풍선"이라는 진술에서 우리는 이를 확인할 수 있다.

하지만 여전히 "풍선"은 추상적인 의미의 망에서 벗어나지 못하고 있는 것도 사실이다. "개발의 거목"이라는 이미지가 구체적인 삶의 현장에서 벗어나 있기 때문이다. 어찌 보면, 아내의 "가슴에 둥둥 떠 있던 풍선"보다도 더 막연하고 포괄적인 시적 이미지가 둘째 연에 등장하는 "풍선"으로 보이기도 한다. 만일 김경동 교수의 시적 진술이 여기서 더 심화되지 않은 채 멈추었다면, "아내"의 시적 답변은 "빵 터지는 풍선"과도 같이 맥 빠진 것이 되고 말았을 것이다. 그렇지 않음을 어찌 다행으로 생각하지 않을 수 있겠는가. 이어지는 셋째 연에서 일곱째 연까지의 시적 진술은 "아내"의 "풍선"이 시적 화자의 상상 속에서 시적 또는 비유적 의미로 충만한 "풍선"으로 변모함을 생생하게 보여 주기에 하는 말이다.

본원적인 의미에서 보면, 시 창작이란 어떤 이미지를 추상화하는 것이 아니라 더욱 생생하고 구체적인 이미지로 재현再現하는 작업이다. 바로 이 같은 생생하고 구체적인 이미지들의 재현이 「풍선」의 셋째 연 이후에 이어지고 있다. 이를 무엇보다 생생하게 보여 주는 것이 셋째 연의 "야릇한 조소嘲笑 흘리며 / 유유히 떠돌다 어디론가 사라"지는 "누군가 버리고 간 울긋불긋 풍선"의 이미지, 그리고 넷째 연이 일깨우는 또 하나 "풍선"의 이미지다. 넷째 연을 함께 읽기로 하자.

> 고급스런 인테리어 유난한 아파트 식탁에선
> 우리말도 못 배운 돌쟁이 아기를 높은 의자에 앉혀 놓고
> 날렵한 명품 차림의 젊은 엄마는
> 이유식 한 술 떠 넣는 순간 매니큐어 반짝이는 손가락으로
> 아기 앞에 놓인 커다란 그림책 가리키며
> '엘리펀트'(elephant)
> 또 한 숟갈 받아먹으면
> '엘리펀트'
> 신나게 펼치는 영어 조기교육의 엄숙한 현장에
> 천장을 맴도는 한낱 풍선이 가소로운 시선을 내리던진다.

아마도 여기에 등장하는 "천장을 맴도는 한낱 풍선"은 아기의 돌잔치 자리를 장식하는 "풍선"이리라. 이를 통해 "영어 조기교육의 엄숙한 현장"은 더할 수 없이 구체적이고 생생한 것이 되고 있다. 아무튼, 이어지는 다섯째 연의 "잠

이 쏟아지는 저들의 눈에는 알록달록 공중을 나는 출세의 풍선"과 여섯째 연의 "끝내 그 고시 합격조차 공중을 맴도는 풍선"도 모두 김경동 교수의 「풍선」이라는 시의 시적 이미지를 강화하는 데 나름의 역할을 한다.

  이제까지 이어 온 시적 진술을 마무리하는 「풍선」의 일곱째 연은 김경동 교수의 온갖 시적 상념을 아우르는 동시에 마무리한다.

      일찍이 '에리펀트'는 듣도 보도 못하고
      멋들어진 정원 없는 재개발지구 단칸방에서
      재래시장 구탱이 나물 파는 할머니의 부모 없는 손자에겐
      학원도 과외도 그림의 떡
      명문 대학 최고 학과 어디서 날아와 맴도는 알록달록 풍선인지
      잡으려 안간힘 써도 손에 잡히지 않는 신기루인지
      어느 날
      학교 옥상에서 아이는 몸 던지고
      젊은이는 느닷없이 행인에게 칼부림하고
      할머니는 연탄불도 꺼져 버린 단칸방에서
      어느 날 쓸쓸히 저승길에 홀로 올라도
      알아주는 이 하나 없는
      세상은
      여전히 하루가 다르게 발전이라는 이름의 풍선이
      하늘 향해 둥실둥실 날아가고 있는데

도저到底한 시니시즘이 짚이는 위의 시적 진술은 사회학자로서보다는 현실의 면면을 시적으로 바라보고자 하는 시인으로서의 김경동 교수가 우리에게 건네는 진술일까, 아니면 우리 모두를 대신하여 시인의 마음으로 우리 시대의 삶을 비판적으로 바라보고자 하는 사회학자 김경동 교수 자신의 심경 토로일까, 그것도 아니라면 고대 희랍의 디오게네스가 오늘날 우리 사회에 환생한다면 우리에게 건넬 법한 냉소적 판단일까. 우리에게는 이 같은 물음에 답할 의무는 없다. 다만 「풍선」의 "풍선"이 의미하는 바에 대해 우리 모두가 진지하게 곱씹어 보고 성찰을 이어가야 한다는 점에 대해서는 누구도 이의를 제기할 수 없을 것이다.

3

　김경동 교수의 이번 시집에서 우리가 유념해야 할 또 하나의 측면이 있다면, 이는 대상을 향한 따뜻한 눈길과 사랑의 마음일 것이다. 그의 이런 눈길과 마음은 때로 저 멀리 "밤하늘 눈에 시린 별무리"(「별을 그리는 마음」)나 "말갛게 펼쳐져 있"는 "가을 하늘"(「가을 하늘」)을 향하기도 하고, 때로 가까이 "아파트 단지에선 / 값도 싸고 인기 없는 / 일층"에 살기에 "독차지"하는 "정원"(「오이를 씹으며」)이나 "이름 없는 야생화"(「꽃이면 다 꽃이다」)를 향하기도 한다. 여기서 한 걸음 나아가, 김 교수는 정원의 "배롱나무"(「나와 배롱나무」)와 날마다 인사를 나누기도 하고, 그 나무에서 자신과 자신의 삶을 감지하기도 한다.

말할 것도 없이, 김경동 교수의 따뜻한 눈길과 사랑의 마음은 주변 사람을 향하기도 하는데, 그의 시를 읽다 보면 "아내"와 "제자"와 "친구"를 향한 따뜻함과 사랑의 마음이 감지되기도 한다. 심지어 그의 모교인 계성고등학교에 대한 사랑은 남다른 면이 있는데, 그렇지 않고서야 어찌 「계성 한 세기, 모교여 영원하라」와 같은 장시長詩의 창작이 가능하겠는가.

하지만, 내가 특히 주목하고자 하는 것은 김경동 교수가 이번 시집에서 언뜻 내비치는 아버지와 어머니에 대한 사랑과 그리움의 마음이다. 따지고 보면, 세상의 모든 자식 가운데 부모를 사랑하고 또한 돌아가신 부모에 대한 그리움의 마음을 갖지 않는 이는 없을 것이다. 하지만 어떤 경우에도 이를 동일한 차원에서 '일반화' 또는 '균일화'해서는 안 될 것이다. 다시 말해, 부모에 대한 이 세상 모든 사람의 그리움과 사랑의 마음은 누구에게나 나름대로 고유하고 또한 특별한 의미를 지닌다.

우리가 김경동 교수의 「아버지의 방황」과 「버성긴의 계절」을 주목하고자 하는 이유는 여기에 있다. 「아버지의 방황」은 작고하시고 몇십 년의 세월이 흐른 후에 "탄신 100

주년"을 맞이하여 아버지를 추모하는 작품이다. 김 교수는 이 작품을 "아버지의 자리는 늘 그렇게 자주 비어 있었다"는 고백으로 시작한다. 말하자면, 아버지의 삶은 "철새 되어 훨훨 떠나"곤 하는 그런 떠돌이의 삶이었다. 다음의 인용이 암시하듯, 어찌 어머니의 마음에 한이 맺히지 않을 수 있었겠는가.

> 새로운 보금자리 따뜻한 가족조차
> 직업을 핑계삼은 방황의 발길을
> 묶어 두지 못했다
> 그렇게 우리 곁엔 아버지의 자리가
> 자주자주 비었다
> 가까이 머무셨던 소중한 시간조차
> 헛헛한 가슴을 가누지 못하시고
> 곁눈질로 바람 타고 구름을 꿈꾸셨던
> 아버지의 아내는
> 가슴에 쾅쾅 대못 박는 소리로
> 피눈물을 훔치셨다

그럼에도, 김 교수는 이렇게 말한다. 그런 아버지의 "빈자리"에 "허전하긴 했[음]"에도, 여전히 "칼날 같은 성미에 / 카랑카랑한 목소리 / 그 뒤에 감춰진 자상하신 아버지는 / 언제나 가슴에 살아 계셨다"고. 하기야, 그런 아버지의 모습은 그 아버지의 뒤를 이은 김경동 교수 자신의 현재 모습이 아니겠는가. 아무튼, 이 작품을 통해 "길고 먼 방황의 여정"을 마치고 "제자리로 오셨"던 아버지에 대한 회상이 덧붙여지기도 한다.

그리고 「버성김의 계절」에서 김경동 교수는 "아담하던 우리네 초가집이 / 순식간에 폐허로 둔갑한 다음 / 챙겨 봐야 건질 만한 건지조차 없는 짐을 메고 / 돌아보고 되돌아보며 발길 무겁던 / 어머니의 한恨 서린 눈"을 떠올린다. "아버지의 자리"가 "늘 그렇게 자주 비어 있었다"면 그것만으로도 한이 맺혀 있을 어머니인데, 어찌 여기서 김 교수가 말하는 "어머니의 한 서린 눈"이 예사롭지 않을 것일 수 있겠는가. 어머니의 한은 누구도 측량하기 어려울 정도로 깊고 견디기 어려운 것이었으리라. 행간을 통해 우리는 김경동 교수가 어머니의 마음에 어려 있었을 법한 한의 깊이를 새삼 되짚어 보고 있음을 감지하지 않을 수 없다. 김경동 교수는 어머니에 대해 극도로 말을 아끼고 있지만, 어머니의 "한 서린 눈"을 떠올리는 그의 마음을 어찌 우리 모두가 헤아리지 않을 수 있으랴!

나는 그동안 사회학자로서의 김경동 교수의 글을 적지 않게 읽었다. 하지만 내가 읽은 그의 글은 학자의 산문적인 글이었다. 이번에 그의 시집 원고를 정독하면서 그가 냉철한 학자적 지성뿐만 아니라 여린 마음에다가 감성이 풍부한 시적 소양까지 갖춘 분임을 확인하게 되었다. 그처럼 감성이 풍부하지 않은 사람이 아니라면, 어찌 시 창작이라는 문학적, 예술적 작업에의 매진이 그에게 가능할 수 있겠는가.

 이제 논의를 마감할 자리에 이르러 한말씀을 올리자면, 구순九旬의 연세에 이르러서도 여일如一한 시혼詩魂을 보여 주심에, 학자이자 시인이신 김경동 교수께 진심으로 경의敬意와 예禮를 표한다.

장경렬 | 서울대 영문과 명예교수

제1부

나와 배롱나무

물러나 새 길 가기

물러남과 마주 보며 서 있다, 이제…

물러서 주춤거리긴 했어도
물러날 줄 모른 채
물불 가리지 않고 앞만 보며
나아가려 했구나
나아가 성취하고
나아가 따라잡고
나아가 또 나아가고

앞 있으면
뒤가 있고
나아감에
물러남 있고
빛과 어두움이
양지와 음지가
서로 밀고 당기며
나아가고
물러나고

나아가면
물릴 수 없는 인생
물러나 한숨 돌리고
나아가는
여유가 숨쉰다.

물러날 때 함께하면
나아갈 때 함께하고
물러남에 홀로이면
나아감에 홀로인가
물러남은
나아감인가
물러앉음인가

물러나 갈 곳 없으면
물러남을 물릴 건가
물러나 머물 곳 없으면
물어 물어 새 길 찾아 나아갈 건가

이제 물러남과 만나
함께 길 떠나면
세상이 훤하게 열리리라

(『계성문학』 17, 2001)

비 오는 소리

비 오는 소리
잔잔한 가랑비 속삭이는 소리
삶이 자작자작 잦아드는 소리

처적처적 가을비 소리
가슴속 파고드는 처량한 소리
삶이 처절하게 자지러지는 소리

쏟아지는 소나기 소리
후려치며 외치는 소리
삶이 가슴 철렁 후들기는 소리

밑 빠진 하늘
퍼붓는 호우 고함치는 소리
그래 차라리 속 시원히 훑어 내려 버려라
어차피 흔적 없이 빗속으로 사라질 삶인 것을

2007. 12. 12. 동경 New Otani 호텔에서

(『문학저널』 6, 2010)

흐름 Ⅱ

흐르는 시간 타고
흐르는 삶 속에
쌓이는 일생

의식 없는 성장의 흐름 타고
훌쩍 커 버린 철없는 어린이
도도한 역사의 흐름 타고
어느새 역役에 충실한 어른이
되었어도
깨어 있는 의식의 흐름 타고
가눌 길 없는 역사의 아픔이
흐르는 시간 타고
흐르는 삶의 혈관에 흐른다

가지도 흘러가고
가치도 흘러가고
나이도 흘러가고
나태도 흘러가고
다욕多慾도 흘러가고

다툼도 흘러가고
라이프도 흘러가고
라이벌도 흘러가고
마야(Maya)*도 흘러가고
마찰도 흘러가고
바람風도 흘러가고
바람望도 흘러가고
사람도 흘러가고
사랑도 흘러가고
아픔도 흘러가고
아쉬움도 흘러가고
자연도 흘러가고
자산도 흘러가고
차례도 흘러가고
차별도 흘러가고
카니발도 흘러가고
카타르시스도 흘러가고
타성도 흘러가고
타산도 흘러가고

파란도 흘러가고
파괴도 흘러가고
하운河雲**도 흘러가고 모두가
하나로 흐른다

흐름은 흐름으로 흐르고
삶은 삶으로 흐르고
역사는 역사로 흐르고
흐르는 세월 속에 거침없는
흐름은 모두를 아우르며
흐른다
흐른다

* Maya : 고대 인도의 환영 · 허위에 가득 찬 물질계
** 하운 : 은하수.

(『문학저널』 오뉴월호, 2002)

흐름 Ⅲ

어디서 흘러와서
어디로 흘러가나
빈손 들고 흘러와서
빈손 놓고 흘러가나

흐르면 스러지는
흐름을 채우고파
흐름을 가득 채운 허욕의 찌꺼기
흐름이 걸쭉하면
흐름을 막을쏘냐
흐름에 묻히어 간단없이
흐르건만
흐르는 찰나라도 묶어 두랴
안간힘만
안타까운 허탈이 말없이
흐른다

흘러와서
흘러가는

흐름을
흐르는
흐름에 유유唯唯하는
유유悠悠한 흐름에
흐르는 멋이 호젓이
흐른다

(『문학저널』 오뉴월호, 2002)

별을 그리는 마음

그해 여름

하늘 향해 한 발짝 성큼 올라선

콜로라도 고원 지대 외딴 마을 애스펜*의 밤을 거닐다

어둠의 고요를 곱게 수놓는 이름 모를 밤벌레 소리

서늘하게 맑은 대기大氣 쓰다듬는

개울물의 속삭임에 취하여

무심코 올려다본 하늘

아!

하늘 가득히 흐르는 은하 위에 겹쳐 흐르는

은하수가 출렁이고 있었다

별들이 오르르 쏟아져 내려

고달픈 삶의 구저분한 밑바닥에 침전沈澱해 있던

아득한 어린 날의 꿈

포플러 시원스레 뻗어 오른 시냇가 방죽에 누워

하늘에 반짝이던 별과 맺었던 꿈

인생의 한구석에 여태도 살아 숨쉬는

별의 맥박에서 그 꿈을 되찾은 뒤로는

밤하늘 눈에 시린 별무리 찾는 버릇이 생겼다

* Aspen : 미국 콜로라도주 고원지대에 있는 작은 마을. 스키와 여름 음악 캠프로 유명한 휴양지.

(『문학저널』 오뉴월호, 2004)

힘들어 힘들어

요즈음 젊은이들
걸핏하면 버릇처럼
힘들어, 힘들어

과외하기 힘들어
취직하기 힘들어
혼인하기 힘들어
내 집 장만 힘들어
아이 교육 힘들어
조기 퇴직 힘들어
은퇴 생활 힘들어
죽기도 힘들겠지

육체노동 힘들어
카드 빚 힘들어
도로 교통 힘들어
통신하기 힘들어
서로 믿기 힘들어
친구 갖기 힘들어

애인 변심 힘들어
혼자서만 힘들겠지

힘겨운 인생살이
힘들게 살아서
힘든 게 무엇인지
뼈저리게 느껴 본
나이 든 사람들
요즈음 젊은이의
힘들어 힘들어는
생소한 넋두리

힘들어 힘들어
생각하고 말하면
더욱더 힘든 것을

(『계성문학』 19, 2003)

쉬어 가자

쉬어 가자
벗들아

무슨 일로 그리도 분주하게 살았나
잰 놈 뜬 놈만 못하다는 속담도
언제부터 옛말인가
잰걸음
종종걸음
빨리빨리 바쁘게
세월에 얼룩진
땀방울 눈물자국
숨차게 달려온 길
무엇이 우리를 기다리고 있었나
무엇을 위해서 기를 쓰고 달려왔나

중참에 들이켠 막걸리 한 사발에
논두렁에 다리 뻗고 늘어지게 한잠 자고
해야 달아 가거라 하루종일 낚아 올린
물고기 한 줌으로 끼닛거리 걱정 않고

영겁永劫이 하루면
하루가 영겁이라
바빠도 한세상
느려도 한평생
그럭저럭 살아도
마음먹기 따라서는
풍족한 인생인데

이보소 벗들아
천천히 쉬어 가자

(『계성문학』 19, 2003)

뒷모습 I

끝내 지키지 못한 인연
돌아서 떠나가는 그대의
뒷모습
이별은 쓸쓸하고
사랑은 아프다

연인은 그렇게
뒷모습만 남긴 채
갈라서고 말았다

한 장章의 삶을 접고
낯선 길 내딛는 그대의
뒷모습
가슴은 허전하고
앞길은 멀잖다

아버지는 그렇게
뒷모습만 보인 채
은퇴길에 올랐다

할 수만 있으면
보이지 말아야 할 그대의
뒷모습
바라보는 눈시울에
이슬비가 촉촉하다

(『문학저널』 오뉴월호, 2003)

뒷모습 Ⅱ

앞모습
뒷모습
같은 모습
다른 모습
뒷모습 장식하여
세상을 비웃고
뒷모습에 혹하여
인생이 빗나가고

뒷모습 허세로
세상을 지배하고
뒷모습에 비굴하게
인격을 저당하고

세상은 어차피
가면 쓴 놀이판
앞뒤가 뒤섞여도
가짜는 마찬가지

다른 모습
같은 모습
뒷모습
앞모습

（『문학저널』 오뉴월호, 2003）

아버지의 방황

— 2003. 3. 11. 아버님 김영학金永學 장로님의 탄신 100주년을 기념하여

아버지의 자리는 늘 그렇게 자주 비어 있었다

아버지의 아버지는
조상님의 재산을 깡그리 앗긴 뒤
조선 천지 사방팔방
헤매어 다니시며 울분을 삭이셨다

아버지는 사람 너무 좋기만 한
자신의 아버지가 너무 원망스러워
흠치교 백백교 입맛에 닿는 대로
끌어안고 아파하며
그 참담한 젊음을
목탄木炭 엔진처럼 활활 불사르셨다
타 버린 가슴은 시커먼 숯이 되고
사라진 고대광실
잃어버린 문전옥답
눈앞에 아른거려
그 빈자리 메우려
일본까지 일 찾아

철새 되어 훨훨 떠나시고 말았다

새로운 보금자리 따뜻한 가족조차
직업을 핑계삼은 방황의 발길을
묶어 두지 못했다
그렇게 우리 곁엔 아버지의 자리가
자주자주 비었다
가까이 머무셨던 소중한 시간조차
헛헛한 가슴을 가누지 못하시고
곁눈질로 바람 타고 구름을 꿈꾸셨던
아버지의 아내는
가슴에 쾅쾅 대못 박는 소리로
피눈물을 훔치셨다
마침내
길고 먼 방황의 여정도 종착역을 만났다
그렇게 아버지는 제자리로 오셨다
깊게 파인 상처는 회개로 치유하고
하나님 품안에서
활기찬 인생을 다시 시작하셨다

그리고 아버지는
하나님 곁으로 홀홀히 떠나셨다

그렇게 빈자리는 허전하긴 했지만
칼날 같은 성미에
카랑카랑한 목소리
그 뒤에 감춰진 자상하신 아버지는
언제나 가슴에 살아 계셨다
명석한 머리에
남다른 손재간
고스란히 자손에게 물려주셨다
속는 줄 알면서도 어려운 친구를 도우셨던
아버지
남에게 해 되는 일 결단코 하지 마라
그렇게 소중한 마음가짐 남기셨다
이제는
하나님 곁
뼈저린 방황일랑
평화와 안정으로

말끔히 녹이시고
편안히 쉬소서
영원한 복록을
마음껏 누리소서

애스펜 회상

안개 잔잔히 걷히는 새벽
깊은 골짜기 여울물 소리에
시린 손끝

따가운 햇살 받아 반짝이는 해말간 눈동자 속에
우뚝우뚝 솟아오른 봉우리 너머
떠 있는 조각구름 수놓은 오후

가슴 앞에 다가온 새파란 하늘
흩뿌린 은하수 삼키려
후울훌 날아오르는 탈속脫俗의 염원

하지만 이 언덕 벗어나는 그 순간부터
칙칙한 문명의 속진俗塵이
찌푸린 얼굴로 기다리고 있겠지

차라리 애스펜의 하늘처럼 정갈한 사랑이라면
골짜기 흐르는 여울물 되어

세진世塵에 갑갑한 마음 말끔히 씻어주겠지

(2004)

오이를 씹으며

로열층이 따로 있는
아파트 단지에선
값도 싸고 인기 없는
일층은 한데지만
정원은 독차지다

봄 들어 정원에
호박 모종 심어 놓고
물 주며 비료 주며
정성으로 가꿨더니
어느새 호박 대신
오이가 열렸다

잊고 지낸 어느 날
오이 넝쿨 아래로
애기 팔뚝만큼 자란
오이가 생긋이
웃음 띠고 있었다

때마침 점심 때라
고추장에 찍어서
오이를 씹었다
아삭아삭
뽀득뽀득
싱싱한 오이 맛에
식구들의 가슴엔
고향이 시원했다

인기 좋은 로열층이
따로 있는 아파트
일층에선 그나마
토마토에 가지에
고추도 추수할
여름이 푸짐하다

(『계성문학』 21, 2005)

가는 길

이제
그 뜬구름 한두 자락
떼어 놓고
홀가분히 갈 수도 있으련만
삶이
발목을 잡누나
미처 채우지 못한
욕망의 가녀린 비명에
온갖 희로애락을
고스란히 안은 삶도
손이 시린가 보다.

희망이면
온기溫氣가 절로 일까
눈치만 뻔하지
기왕에 나선 길
쉬어 가려 해도
재촉하는 걸음에는
지난날의 회한도 희열도

촉촉이 묻어나고
서산을 넘는 해는
하품 끝에 눈물만 훔친다.

(『계성문학』 24, 2008)

가을 하늘

무심코 하늘을 본다.
아하, 저토록 파랗고 청명하구나.
가을 하늘이 저렇게 맑고 푸른 줄
이제야 새삼스러움은
무슨 조화일까?

어쩌다 눈에 들어오는
옅은 구름 조각 드문드문
온통 파래서 눈이 시리기보다는
그게 더 정겨웠구나.

그리도 아름다운 가을 하늘이래서
아무리 감상해도
가슴에 서린 헛헛함을
따사로이 어루만지지는 못함은
누구 탓일까?

어떤 이는 가을 하늘이 나에게 오고
내가 가을 하늘이 된다고

허풍을 떨지만
가을 하늘은 그저 가을 하늘일 뿐이고
나는 그저 나일 뿐이고
그 둘 사이에 세상은 그저 세상일 뿐인데
가을 하늘을 유난하게 가을 하늘이라
추켜세움은
무슨 조작일까?
하늘을 본다.
이번엔 유심히 본다.
아하, 가을 하늘이 본래 저토록
푸르고 정갈했었구나.
여전히 가을 하늘은 거기 말갛게 펼쳐져 있고
거기 비친 삶은 여전히 허접스럽구나.

(『계성문학』 25, 2009)

꽃이면 다 꽃이다

그렇게 때만 되면
누구라 초청하지도 않았건만
번을 서듯 돌아가며 차례로
세상을 장식하는 기특한 꽃들이 있다

이름도 친숙하고
보는 이들 별나게 생각지도 않는
꽃들이건만
사람들이 뭐라든 아랑곳없이
해마다 때만 되면 그렇게 그 꽃들은
세상을 아름답게 꾸미려 말없이 찾아온다

화원에서 꽃집에서
비싸게 팔리는 화려한 꽃들이
현란한 자태를 한껏 뽐내며
나 보시오 나 보시오 외치는 틈바구니에서
수줍은 듯 다소곳
보일 듯 말 듯
이름 없는 야생화는

탁 트인 하늘 아래 드높은 산자락이면

누구라 알아주지도 않건만

발걸음 뜸한 바위틈에 숨어서

찾는 이의 가슴을 눈물겹게 울려 준다

(2010. 5. 19)

나와 배롱나무

내가 배롱나무인가? 배롱나무가 나인가?

여름부터 가을이 거의 다 가도록
아침마다 창문의 블라인드를 열면
배롱나무 꽃송이들이 발그스레 어여쁜 미소 띠며
초가을 바람에 살랑살랑 흔들어 보내는 반갑다는 애교에
나도 모르게 마주 보며 손을 흔든다
"아이, 저 백일홍이 우리랑 같이 놀자 하네요"
환히 웃는 아내와 마주 보며
가슴에서 솟아오르는 동심으로 힐링이 마냥 즐겁다

아파트라 이름하는 공동주택이 마음에 들지 않아
유실수 그득한 마당이 그리워
남들 다 하는 아파트 재테크도 잊은 채
신림동 "언덕 위의 하얀 집"에서 스무 성상 지내다가
 자식의 학업 핑계로 맹모 흉내 내 가며 이사라고 온 데가 아파트였다
 그나마 때 되면 고추며 토마토 가지 모종을 화분에 심어서
 여름 내내 무공해 식품이나 맛보자며

정원 있는 일층에 들어 살긴 하지만

못내 과실나무 풍성한 정원 넓은 집을 그리는 마음 달랠 길 없어

우리가 좋아하는 꽃나무 한 그루 뜰에다 심기로 작정한 것인데

여름 지나 가을까지 아리따운 백일홍과

날마다 인사 나눔으로 아쉬움 달래며 여기까지 왔다

처음부터 모종이라 해야 할까 가냘프고 키 작은 배롱나무 심어 놓고

꽃이나 제대로 피울까 저으기 못 미더워한 것이

어찌나 미안하고 기특한지

굵기래야 둘레 한 뼘 될까말까 왜소한 녀석이

어쩌면 그토록 풍성하게 가지는 뻗어

줄기마다 보송보송 꽃봉오리 송이송이 수십 개씩 피우니

초라해 보이는 백일홍 한 그루로 아파트 앞마당이 한 그득 풍성해라

담장 타고 흐드러진 새빨간 장미처럼 절세의 미인도 아닌 것이

찬란한 꽃잎으로 화려함을 뽐내는 사치스런 모란도 못 되는 것이
　빛깔마저 짙은 자색 근처도 못 간 것이
　그렇다고 연분홍 겨우 면한 소박한 주제에
　차라리 겸손하니 곱기만 한 백일홍이
　가녀린 몸매로 바람결에 어여쁜 애교까지 선사하니

　화무십일홍花無十日紅
　권불십년權不十年이라 했던가
　가냘픈 몸으로 수없이 많은 꽃봉오리 봉오리 피운 채
　백 일을 말없이 지칠 줄 모르는 은근한 끈기로
　보는 이의 마음에 안식을 건네주고도
　거만도 사치도 모르는 다소곳함이라니

　재주도 없으면서 잔재간만 내비치며
　남보다는 열심히 뭐 하는 척하면서
　쓸모 없는 성과만 보기 좋게 쌓아 놓고
　세상에 덕 되는 공 이룩함 없는 대로
　그저 그렇게 그렇게

굵지도 크지도 못한 한평생을 살아온
처지에

나는 배롱나무나 닮았는가? 저 배롱나무가 나를 닮았는
가?

(『계성문학』 34, 2018)

자명종 自鳴鐘

아침이면 잠 깨우는 자명종 소리
하루는 독일 가곡 〈들에 핀 장미화〉
다음 날은 미국 독립 가요 〈양키 두들〉
그리고 또 다음은 독일 민요 〈여름산〉

30년 전 아내의 제자가 선사한
낡은 카시오(Casio) 전지 시계는
계산도 하고
음악 연주도 하고
그리고 또 알람도 울리는 다목적 소품이다
기특하게 고장 없이 서른 성상星霜 잘도 버티어 주었다

그 제자는 벌써 50줄에 들어선 학교 선생님
그의 제자들에게 삶의 잠을 깨워 주는 자명종 되어
오늘도 내일도
그리고 또 다음 날도 어김없이 그는
명랑한 노랫소리를 들려 줄 것이다

(2010. 5. 19. 탈고)

이른 봄 함박꽃눈 花雪

늦겨울
변덕스런 절기는 이른 봄을 재촉했나 보다
미처 피지 못한 신록의 떡잎 병풍을
새하얀 벚꽃이 차곡차곡 수놓은 신비에
눈을 떼지 못하는 찰나
마침내 시샘을 참지 못한 냉랭한 바람이
거칠게 대기를 휩쓸더니

하늘엔 함박꽃눈이 펑펑 쏟아져 내리고
사뿐사뿐 내려앉는 꽃눈은
세속에 찌든 가슴에
향기 그윽한 샹그릴라를 선사했다

(『계성문학』 32, 2016)

달력을 넘긴다
―『계성문학』 마흔돌에 부침

아침저녁 서늘한 초가을 기운에 어깨가 시린
9월도 중순을 향한 이른 아침 잠 설치고
반쯤 깨어난 눈에 벽에 걸린 달력의 8월이 크게 들어온다
세월 가는 기미도 못 차리고 견디는 팔자가 어른거린다

모처럼 미국 사는 계성 죽마고우가 보낸
카카오톡 하자는 전갈도 한참 놓치고 나서
이제사 통화를 한다
여보세요
어, 동이가, 별일 없재?
친구 목소리는 여전하네
어릴 적부터 원청강 건강한 친구라서
그렇지 뭐, 덕분에
식구들 다 괜찮고?
그래 우리는 다 잘 있어
거기 동기들도 다 무사하나?
요새는 한참 별 소식 없어 다행이지
니는 요새 뭐 하고 지내노?
어, 뭐 책 쓴다고 컴퓨터하고 논다

천처이 해래이

달력은 아직도 8월인데
그렇게 9월은 빨리도 흘러가고
인생은 갈수록 거북이 걸음
그나마 할 일이 있어서 좋겠다는
미국 사는 친구의 목소리가 목에 걸린다

지금은 코로난지 뭔지 하는 놈 때문에
아들내미 집에서 꼼짝도 못 하고 지내자니
지루하기는 하지만
그래도 아들이 의사라 든든해서 좋다
미국 사는 친구는 그렇게 자위한다
딸만 있어도 나는 마냥 좋다

그래서 오늘도
『계성문학』 원고를 탈고하며
동인지에 유일하게 글 같이 써내던
또 다른 죽마고우를 그리워한다

동인지에 기고하는 우리 동기는
나밖에 없구나
통화하는 미국 친구와 우리 셋이
제일 알뜰한 사이였는데
그래 천천이 가자
아직도 갈 길이 멀다 치고
마흔 살 『계성문학』이 동행해 준다는데
어차피 『계성문학』은 영원을 지향할 테니까

(『계성문학』 36, 2021)

제2부

패러디 세상

도시 都市

1.

잉여식량으로 잉태한 자연의 의붓자식
역사가 적자嫡子로 입양한 도시는
인류 위에 군림하는 폭군이 되었다

문명의 진원震源이라
밖으로 터지고(explosion)
안으로 으스러져(implosion)
앞으로 뻗어나다(evolution)
물러서 움츠리는(involution)
짓궂은 인조지옥人造地獄

도시는 패러독스
영욕이 번득이는
낮과 밤의 이중인격자

문어발 흡인기吸引器
알맹이 찌꺼기 깡그리

모으고

모으다

도시는 시골뜨기의 군락群落이 되었다

포만飽滿에 숨이 차

농토를 임야를 삼키는 패권覇權

퍼지고

퍼지다

시골은 각박한 도회都會가 되었다

  2.

과거科擧길 괴나리봇짐

땅 앗긴 남부여대男負女戴

고속버스 부푼 꿈

한양으로

경성으로

서울로

모이고

모이며
도시는 부침浮沈했다

등과登科와 낙방落榜
본정통本町通과 북간도北間島
대학과 '큰집'
어지러이 교차하는
열망熱望의 도시는
절망絶望의 마을이다

3.

줄 긋고
높이 쌓고
구획은 격리
분류는 차별
내미는 손
어긋나는 가슴
도시는 선線이다

4.

찢어지는 고막
그을린 X-레이 사진
소독 내음 물씬한 구정물 삼키고
부석부석 빛바랜 도시의 영광
사람들의 가슴엔 뻥 뚫린 맨홀
손을 잡은 사람들이 흘리는 실소失笑
터지는 모리배에 좀먹는 암癌 벌레
모래알 흩날리는 물 빠진 시멘트
이빨 시린 철근의
도시는 무관심이다

5.

하루에도 한 번씩 꼭 한 번은
붐비는 명동 거리 압구정동 로데오길
군상群像들 틈새에서 어깨를 비벼 대야
살맛나는 영혼들

가슴속 벌집엔 버성김의 찬 바람
부러진 날개 펴 퍼덕이다 쓰러지면
바닥엔 질퍽한 스트레스 용액溶液
도시는 영영 따로따로다

(『계성문학』 21, 2005)

버성김의 계절

고향이면 언제나 고향이지
믿음 하나 젖줄 삼아
여지껏 지탱해온 터에
새삼스레 고향이 어드멘지 더듬어 보는
자문自問 속에
허전한 삶의 그림자만 무겁게 떠오른다

못살게도 뜨거웠던
그해 여름
우리가 호주 비행기라 이름했던 제트 전폭기의
요술에 걸려
아담하던 우리네 초가집이
순식간에 폐허로 둔갑한 다음
챙겨 봐야 건질 만한 건지조차 없는 짐을 메고
돌아보고 되돌아보며 발길 무겁던
어머니의 한恨 서린 눈에
전쟁의 열기로 눈물마저 말라 버린
모질게도 추웠던
그해 겨울

이별이 못내 아쉬워
다시 만나 옛말 하자며 눈시울 적시던 이웃을 벗을
다시는 못 만날 줄 꿈에도 생각 못 한 채
다시 오리라 기어코
다시 오리라
다짐하고 다짐하며
다시 못 올 고향을 영영 등지고 말았다

하루가 다르게 좁아지는 세상
하루 만에 태평양 건너
청운의 뜻 펴리라
고향을 떠날 때는 초라했던
고향이 안중에도 없었다
발 디디고 사는 곳이
고향이라 여겼지만
뿌리 뽑힌 이국異國 땅에
고향을 심지 못해
어느 날 훌훌 털고 발길을 돌렸다

이제는 돌아가 뿌리 내려 사는 곳 그곳이 마땅히
고향이라 의심 없이 믿으려 했건만
문패 없는 이웃의
이름도 모르고
얼굴 없는 이웃의
정체도 모르고
벗이라며 돌아서서
등에다 비수匕首 꽂고
피붙이도 돌아서서
빈손만 내밀고
잡아 주는 유대紐帶는 돌아서서
질곡桎梏 되고
겉도는 말 속에
정통성은 비어 있고
풍요 속에 피는 꽃이
정신에 독을 뿜어

마침내 우리는 버성김의 계절 맞아
그렇게도 아쉬워하던

고향을 잃었다
고향이 마침내
우리를 버렸다

                                    (『동연회통신』 03, 2005)

패러디 세상

사이버 세상에서는
온통 열려 있는 인터넷 탓에
온 정신은 어찔어찔
온 질서는 뒤죽박죽
"나는 클릭한다, 고로 존재한다."
"나는 댓글 올린다, 고로 존재한다."
"나는 이름 없다, 고로 존재한다."
"나는 얼굴 없다, 고로 존재한다."
"나는 육신 없다, 고로 존재한다."
"나는 뿌리 없다, 고로 존재한다."
"나는 자유롭다, 고로 존재한다."
"나는 평등하다, 고로 존재한다."
"나는 아무나 사귈 수 있다, 고로 존재한다."
"나는 중심 없는 공간에 산다, 고로 존재한다."
"나는 빛의 속도로 움직인다, 고로 존대한다."
"나는 ID 하나로 세계 어디나 간다, 고로 존재한다."
"나는 얼마든지 ID 바꾼다, 고로 존재한다."
"나는 남의 ID 마구 쓴다, 고로 존재한다."
"나는 누구하고든 채팅한다, 고로 존재한다."

"나는 내 멋대로 하고 싶은 말 한다, 고로 존재한다."
"나는 신나게 유언비어 퍼뜨린다, 고로 존재한다."
"나는 마음대로 비방 흑색선전 한다, 고로 존재한다."
"나는 내 말인 양 남의 말 마구 써먹는다, 고로 존재한다."
"나는 새로 만든 언어 쓴다, 고로 존재한다."
"나는 자아실현 경험한다, 고로 존재한다."

정치 세상에서는
온갖 미숙한 염치 없는 정치노름 탓에
온 사회는 엉망진창
온 나라는 휘청휘청

"나는 친북좌파가 싫어요!"
"나는 보수꼴통이 싫어요!"
"내가 재벌로부터 돈 받았다는 걸 아무에게도 알리지 마라."
"내가 과거 청산했다는 걸 아무에게도 알리지 마라."
"내가 날치기 통과시켰다는 걸 아무에게도 알리지 마라."
"내가 장외 투쟁 했다는 걸 아무에게도 알리지 마라."

"반드시 개혁하고자 하면 개악이 될 것이오,
반드시 개악하고자 하면 개혁이 될 것이다."
"개혁을 하느냐 마느냐, 그것이 문제로다."
"내 사전엔 '개혁'이란 없다."
"그래도 나는 개혁한다."
"정치인은 결코 처벌받지 않는다.
오직 사면 받을 뿐이다."
"정치인은 결코 죽지 않는다.
오직 재출마할 뿐이다."
"반드시 선거에 이기고자 하면 질 것이요,
반드시 지고자 하면 이길 것이다."
"정치 세계란 하나의 무대다."
"남녀 정치인은 배우일 따름이다.
등장할 때가 있고 퇴장할 때가 있다."
"정치나 잘하세요."

줄기세포 세상에서는
온갖 줄기세포 둘러싼 의혹 탓에
온 세계는 저런저런

온 국민은 저럴 수가

〈웰컴 투 줄기세포골〉
〈줄기세포의 제왕〉
〈줄기세포 휘날리며〉
〈간 큰 줄기세포〉
〈줄기세포는 내 운명〉
〈줄기세포는 나의 것〉
〈줄기세포의 순정〉
〈달콤한 줄기세포〉
〈줄기세포의 추억〉
〈줄기세포의 재구성〉
〈줄기세포 동생 체세포〉
〈줄기세포의 적〉
〈줄기세포의 위기〉
〈줄기세포 사수 궐기대회〉
〈줄기세포 액추얼리〉
〈퍼햅스 줄기세포〉
"줄기세포가 있느냐 없느냐, 그것이 문제로다."

"내 사전엔 '줄기세포'란 없다."

"그래도 줄기세포는 있다."

〈친절한 줄기세포 씨〉

"줄기세포나 잘하세요."

(『철학과 현실』 68, 2006년 봄호, 권두시)

소통이로고

인간人間은 원래
사람 사람 사인데
인人도 모양새는 둘이 하난데
사람은 언제나 혼자다
혼자인 세상이다

말없는 몸짓
침묵의 표정
땅 꺼지는 한숨
뺨 타고 흐르는 눈물
읽으며 살아야 하는데

으아아아 악을 써야 할까
동동동동 발을 굴러야 할까
휘휘휘휘 팔을 내저어야 할까
부르르르 몸을 떨어야 할까
담벼락에 머리통을 부숴야 할까
아무리 애써봐야 아랑곳 없다면

말은 말인데 참말인지 딴소린지
변명은 하는데 해명인지 속임순지
목소리는 높은데 뜻도 역시 높은지
자지러드는 겸헌데 경멸의 눈길인지
미소 띤 천진인데 비수를 품었는지
사람이 인간을 믿지를 못하면

얼씨구 이런 게 소통이라고

세상은 소통인데
세상은 그렇게 소통이 없다
말은 있어도 주고받는 대화가 없다
마음이 닫히면
속셈이 다르면
발뺌할 양이면
손익을 따지려면
제 생각 고집하면
감정만 앞세우면
지위를 내세우면

무슨 수로 소통하랴

마음을 열어야 듣게도 되고
들어봐야 역지사지易地思之
남의 사정 알게 되고
알면서 제 앞만 챙길 수는 없을 거고
생각만 바로 해도 이햇길 트이고
관용도 타협도 이해가 길 터 주고
스스로 버리면 얻음이 따르고
공공선公共善의 깃발이 드높이도 휘날리네

얼씨구 이런 것이 소통이로고

(『계성문학』 26, 2010)

패러디 탄소문화

역사의 인물들 가라사대,

"나는 탈탄소가 싫어요!"
"내가 탄소문화를 좋아한다는 것을 아무에게도 알리지 마라."
"반드시 과하게 남용하고자 하면 해가 될 것이로되,
반드시 귀히 여겨 아껴 쓰고자 하면 득이 될 것이다."
"탄소를 버리느냐 마느냐, 그것이 문제로다."
"내 사전엔 탈탄소란 없다."
"그래도 탄소는 있다."
"탄소문화나 잘하세요."
"반드시 탄소를 이기고자 하면 질 것이요,
반드시 지고자 하면 이길 것이다"

영화의 제목들 가라사대,

〈웰컴 투 탄소문화골〉
〈탄소의 제왕〉
〈탄소문화 휘날리며〉

〈탄소문화는 내 운명〉
〈탄소문화의 순정〉
〈탄소문화의 추억〉
〈탄소문화의 재구성〉
〈탄소문화 동생 탄소문명〉
〈탄소문화의 적〉
〈탄소문화 사수 궐기대회〉
〈탄소문화의 영광〉
〈친절한 탄소문화〉
〈달콤한 탄소문화〉

르네 데카르트 가라사대,

"나는 원래 탄소다, 고로 존재한다."
"나는 탄소화합물 DNA다, 고로 존재한다."
"나는 탄소가 만든 세포다, 고로 존재한다."
"나는 탄소에서 비롯한 뇌의 활동이다, 고로 존재한다."
"나는 탄소가 타서 뿜어내는 태양에너지와 광선으로 산다, 고로 존재한다."

"나는 탄소 순환을 하는 광합성과 호흡으로 산다, 고로 존재한다."

"나는 탄소 동화작용과 탄산화 작용의 결실을 먹고 산다, 고로 존재한다."

"나는 탄소를 입고 산다, 고로 존재한다."

"나는 탄소를 먹고 산다, 고로 존재한다."

"나는 탄소로 지은 집에 산다, 고로 존재한다."

"나는 탄소를 타고 다닌다, 고로 존재한다."

"나는 탄소의 연소를 이용하는 문명인이다, 고로 존재한다."

"나는 석탄의 탄소가 일으킨 산업혁명 덕에 산다, 고로 존재한다."

"나는 탄소문명 없이는 못 산다, 고로 존재한다."

"나는 탄소 나노물질로 더욱 실해진다, 고로 존재한다."

"나는 탄소문화로 번영하고 번영한다, 고로 존재한다."

"나는 탄소문화를 사랑하고 또 사랑한다, 고로 존재한다."

(2013. 12. 4. 대한화학회 제정 탄소문화상 대상 수상을 기념하여 시상식에서 읊다)

만족滿足

아침 카톡에 지인이 글 한 자루 보내왔네
만족의 글자 풀이
만滿의 뜻 풀이는 가득할 만, 찰 만이고
족足은 발이란다
발까지 물이 차면 그걸로 됐다 행복이라 여기고
더 바라지 말아라
그런 뜻이란다

옥편에는 무엇이든 가득 차면 오히려 불행하다는 말 풀이도 있다
  만신창이滿身瘡痍는 온몸이 전부 흠집투성이
  만즉휴滿則虧는 달이 차면 이지러지기 마련
  만초손겸수익滿招損謙受益, 교만은 손해를 초래하고 겸손은 이익을 얻는다니
  조심하란다

과유불급過猶不及, 지나침은 모자람이나 마찬가지
중용을 지향하라는 충고란다
인간의 욕구는 부족함을 채우려는 성향이라는데

채워도 채워도 욕구 충족엔 종점이 없어 욕구는 사라지지 않는단다
결국은 채우지 못한 채 인생만 만신창이가 될 거란다

노자는 천지만물의 현상이 아무리 번창해도
결국은 각기 그 뿌리로 되돌아간단다[夫物芸芸 各復歸其根]
그래서 천지의 도는 지나치게 여유 있는 데서 덜어
부족한 데를 보충한단다[天地之道 損 有餘而 補不足]
고로, 성인은 격심함, 사치, 교만을 버린단다[聖人去甚 去奢 去泰]
만사 가장 잘 나갈 때 그 안에 실패의 씨앗을 품어
끝이 오고 만다니까

그러니까 주역에서 이렇게 가르친단다
편안함을 지나치게 믿으면 위험해지고[危者 安其位者也]
순탄하다고 믿어 마음을 놓으면 멸망하고[亡者 保其存者也]
태평한 꿈에 취해 있으면 난리가 난단다[亂者 有其治者也]
그러므로 군자는 편안할 때 위험을 잊지 않고[是故 君子 安而不忘危]

순탄할 때 멸망을 잊지 않고[存而不忘亡]
태평시절에 전쟁을 잊지 않는다[治而不忘亂]
이로써, 자신은 물론 국가를 보존할 수 있단다[是以 身安
而 可保也]

그러니 발까지만 물이 차올랐을 때 이쯤이면 됐다 할 줄
알아야 행복할 수 있단다
  이기적인 욕심에 눈을 뜬 사적인 충동인 인심人心을
  천리天理를 따라 움직이는 애기 같은 마음[赤子心]인
  도덕적 충동으로서 도심道心이 다스릴 수 있어야
  채워도 채워도 만족할 줄 모르는 인욕人欲을 극복할 수
  있단다

그 도심은 결국 스스로가 가다듬어야 발현하는 하늘이
내린 마음이란다

(2023)

새로움의 색조色調

새로움은 참으로 멋지겠지요

새로움은 신비로움이니까요
아직 없음의 색깔이니까요
장차 있음을 암시만 하니까요
낡음의 어두움을 벗어 버릴 수 있을 테니까요
창조의 일출日出인 양 붉게 타오를 거니까요
설렘이 가슴에 파문을 조용히 일으키니까요
기대해 봄직함이니까요
희망도 품어 볼 수 있지 않나요

하지만
보지도 듣지도 만지지도 못하니까요
냄새도 맡지 못하고 맛도 보지 못하니까요
새로움은 불안입니다
두려움의 그림자가 드리우니까요
어떻게 맞이해야 할지 알 길이 없으니까요
새로움의 샛길을 꺾어 돌아가면 과연
무엇이 기다리고 있을지 막막하니까요

사람들은
새로움이 행복 가득한 신천지를 펼치리라
새로움을 갈망하기도 하고
새로움을 창조하려 안간힘 쓰기도 하다가
새로움이 정작 눈앞에 펼쳐지면
그 강렬한 빛에 실명失明하여 실망하기도 하고
그 엄청난 다름에 어리둥절하다
실기失機하여 실족失足의 변을 만나기도 하네요

참으로 새로움은 변덕이라니까요

(『계성문학』 35, 2020)

풍선

시장 다녀온 아내의 그늘진 표정에
까닭을 물었다.
"우리가 엄청 많이 발전했다고 하는데요
날이 갈수록 세상이 왜 이렇게 각박하고
더 살기 어려워지는지 모르겠어요…"
재래시장 한 구탱이 쭈그리고 앉은 채
다 해진 천 원짜리 때문은 동전 몇 푼
거스름돈 챙기며 한숨 섞인 푸념을 토해 내는
할머니의 구겨진 얼굴을 따가운 한여름 뙤약볕이
가차 없이 내리치는 모습에
아내의 가녀린 가슴에 둥둥 떠 있던 풍선이 빵 하고 터
지더란다.

개발의 거목에 주렁주렁 탐스럽게 열린 풍요의 열매
　너도 나도 손 내밀어 기를 쓰고 팔을 뻗어 보지만
　열매는 허공으로 둥실둥실 떠오르기만 하는 실 떨어진
풍선이다.

　마천루 고층 아파트 위용이 인간을 압도하는 거대한 주
거 단지엔

물레방아 도는 호수를 에워싼 광활한 중정 공원이
정원 박람회를 빼닮은 장관을 한껏 뽐내고 있건만
아무리 둘러봐도 오로지 빠진 건 사람의 그림자
종일 가야 정작 어린이는 얼씬도 하지 않는 최신식 놀이터엔
누군가 버리고 간 울긋불긋 풍선만 야릇한 조소嘲笑 흘리며
유유히 떠돌다 어디론가 사라진다.

고급스런 인테리어 유난한 아파트 식탁에선
우리말도 못 배운 돌쟁이 아기를 높은 의자에 앉혀 놓고
날렵한 명품 차림의 젊은 엄마는
이유식 한 술 떠 넣는 순간 매니큐어 반짝이는 손가락으로
아기 앞에 놓인 커다란 그림책 가리키며
'엘리펀트'(elephant)
또 한 숟갈 받아먹으면
'엘리펀트'
신나게 펼치는 영어 조기교육의 엄숙한 현장에
천장을 맴도는 한낱 풍선이 가소로운 시선을 내리던진다.

학교는 수업 시간에 낮잠 즐기는 곳
후미진 뒤뜰은 빈정대며 윽박지르며 돈 빼앗는 폭거의 장터
옥상은 피투성이 패싸움의 콜로세움
교무실은 학부모가 교사의 멱살 잡고 욕설 퍼붓는 아사리판
왕따가 없으면 학교도 아니라는 아이들의 시니시즘
눈치 보며 못 본 척 교장 선생님
아이들의 마음은 허망하게 일그러진 꿈의 풍선
아파트 단지의 멋들어진 정원 박람회에는
눈길도 보내지 않을지언정
방과 후면 세상에서 제일 바쁜 우리의 아이들
족집게 과외 선생이면 더 바랄 나위 없고
유명 학원이라도 들어가면 다행이고
밤중 보습 시간에야 학동들의 눈은 반짝반짝 빛이 나고
자정 넘긴 귀갓길 어깨는 물먹은 스펀지
잠이 쏟아지는 저들의 눈에는 알록달록 공중을 나는
출세의 풍선만 어른거린다.

수시냐 정시냐

수능이냐 내신이냐

엿도 빨고 찹쌀떡 씹고

평생을 좌우하는 하루밖에 없는 운명의 그날

우리의 어린 영혼은 그렇게 찌들어 간다.

SKY 명문 대학 최고 학과

법학 의학 행시 외시 언론시 교원임용시 회계사 변리사

국가고시에 목매는 학원촌을 거쳐 봐야

시험을 통과해도 또 넘어야 할 언덕너머엔

형형색색 풍선이 기다린다.

열쇠 꾸러미 가진 배우자를 만나야지

뒷배 봐주는 힘센 연줄도 잡아야지

아니고신 끝내 그 고시 합격조차 공중을 맴도는 풍선일 밖에

일찍이 '에리펀트'는 들도 보도 못하고

멋들어진 정원 없는 재개발지구 단칸방에서

재래시장 구탱이 나물 파는 할머니의 부모 없는 손자에겐

학원도 과외도 그림의 떡

명문 대학 최고 학과 어디서 날아와 맴도는 알록달록 풍선인지

잡으려 안간힘 써도 손에 잡히지 않는 신기루인지
어느 날
학교 옥상에서 아이는 몸 던지고
젊은이는 느닷없이 행인에게 칼부림하고
할머니는 연탄불도 꺼져 버린 단칸방에서
어느 날 쓸쓸히 저승길에 홀로 올라도
알아주는 이 하나 없는
세상은
여전히 하루가 다르게 발전이라는 이름의 풍선이
하늘 향해 둥실둥실 날아가고 있는데

(2022)

자연이 복수를 하네

자연이 인간에게 복수를 하네?
어머니 자연은 그 오랜 세월 동안
인간이 따서 먹고 캐서 먹고 잡아서도 먹으라고
풍부한 젖가슴을 그대로 내주어서
그저 인자한 모정으로 인간이 사백만 년을
지구에 발붙이고 생존하게 해 주었는데
이토록 잔혹하게 괴롭히리라
꿈도 꾸지 못했지

그러던 자연이 등을 돌렸다
그만큼 아끼고 키워 줬으면 웬만큼만 하고
그 푸근하고 너그러운 품에 안겨
그저 광활한 우주나 감상하며
그럭저럭 즐기며 편한 마음으로 살 것이지
그 무슨 오만인가 될 대로 되라인가

풍족한 양식을 제공하던 논밭 갈아 엎고 반도체 공장 세우지 않나
주택 단지 헐어 버리고 고층 펜트하우스 아파트를 짓지

않나

　플라스틱 기물이며 건축물 쓰레기 모두 실어 바다 속에 제멋대로 버리지 않나

　자동차 운전해서 온 동네 좋은 경관 마음껏 즐기며

　초미세먼지나 신나게 내뿜지를 않나

　보일러 쉴 틈 없이 자꾸만 틀어서 미세먼지 멋대로 뿌리지를 않나

　오염수 정제 없이 그대로 강물에다 쏟아부어 버리지를 않나

　강마다 댐에다 실컷 가둔 물로 전기를 뽑아내어 흥청망청 쓰지를 않나

　그것도 모자라 허공에다 우주선 띄워 이젠 자연을 통째로 삼키려 하질 않나

　이러는데 아무리 다정하고 관대한 어머니라 한들

　이걸 그냥 두려고 할 수는 없다면서

　이제는 몽니를 부리기 시작한 거겠지

　이게 웬 날벼락인가 말이야

어느날 북극의 거대한 빙산 덩어리가 한순간에 녹아내려서

마치 '나의아가리야'(Niagara) 폭포수인 양 굉음을 뱉어 내며

얼음 둥둥 뜨는 바다로 거침없이 쏟아져 내려가네

그 바다 속에 가 봐야 플라스틱 콘크리트로 빚어진

찬란한 인류 문명의 금자탑이 첩첩이 쌓여 있을 터인데

그나마 그냥 허전하진 않겠네

그렇게 해수면이 올라가면 바닷가 마을도 저지대 작은 섬도

영영 해저로 이사해야 하겠네

해수의 온도가 그렇게 오르면

듣도 보도 못하던 지구 온난화란 '조커'(joker) 녀석이

신나게 세상을 온통 못살게 한다니

이제부터 우리는 대구 사과 먹기는 동화 속 얘기 같고

충청도 강원도는 바나나를 즐긴다니

이처럼 세상은 참 좋아졌다는데

온대 지역이건만 40도 폭염 덮쳐 산불로 온 산을 휩쓸고 다니다

인가를 덮치며 천년 고찰마저도 잿더미로 만들고
　대기의 온도는 덩달아 오르고
　그로 인한 기류와 해류의 소용돌이 느닷없는 태풍으로 불어닥치고
　갑자기 대홍수는 산사태로 마을을 통째로 삼키고
　대도시 큰길이 호수로 변신하면
　화려한 저택 번쩍이는 고급차가 유람선인 양 도심의 대로를 둥둥 떠다니고
　때 아닌 가뭄 닥쳐 온갖 청과류는 쓰레기로 변신하여 농지를 뒤덮고
　세상의 구경 거리 이다지도 화려할꼬

　어느 날 바다 건너 플로리다에서는 눈이 펑펑 내려서 지붕까지 쌓이면
　외출 대신 집 안에서 오순도순 못다 쌓은 정감이나 나누려나
　웬걸 각자 게임에 취하든 카톡과 놀든 컴퓨터와 씨름하든 모두가 나 홀로
　수천 년 수만 년 인간이 쌓아 올린 문명의 마천루는

그렇게 해저에서 다시 태어나야만 빛을 볼 수 있을 건지
하늘에는 무수한 인공위성 날아다녀
언제 어디서 부딪치고 부서지고 쇳덩이 파편이 지구로 떨어져
인명과 재산을 제멋대로 부순다니
천지간에 가장 잘난 출중한 두뇌에다 못 할 일 없는 날렵한 양손으로
인간이 창안한 기계인간이 인간보다 똑똑한 두뇌를 갖추고
인간의 문명을 송두리째 삼키려고 호시탐탐 노린다네

인간의 문명이 이토록 화려한 변신을 하는데
요사스런 뱀이라는 욕망에 속아서
달콤한 사과 한 개 맛나게 먹었더니
자연을 못 견디게 만들어 버렸고
드디어 묵시록 종말의 아포칼립스(apocalypse)로
자연이 호된 꾸중을 하려 드니
인류가 자연의 극한적 복수로
지구에서 소멸하는 그날이 서서히 다가오고 있는데

자연에게 완전히 무릎 꿇는 비극이 그리도 싫으면
자연을 소중하게 떠받들고 품어서
자연과 더불어 문명을 만끽해야

자연도 복수를 한다는 지혜를 어렵사리 얻었으니
지금이 늦지 않다 어서 속히 한 발자국 뒷걸음치면서
아무리 급해도 한순간 잠시 멈춰
긴 숨 몇 번이고 천천히 들이쉬고
스스로의 처지를 철저히 돌아보는 신중한 마음가짐
반드시 갖추도록 있는 힘 다 해야지
그래야 모두가 살아남게 되겠지

(『계성문학』 38, 2024)

이제 우리는 무엇을 짓지?

농사짓기로 문명을 짓기 전엔
캐어 먹고 뜯어 먹고 잡아먹고 연명하며
굴 속에서 움막에서 앞가림만 겨우 한 채 떼지어 살았다.
농사지어 밥 짓고 길쌈으로 옷 짓고
집 짓고 살면서 그 안에서 짝짓고
무리 짓고 살면서 오순도순
웃음 짓고 한숨짓고 눈물도 짓고
약 짓고 이름 짓고 멋있는 글도 짓고
새로 지은 도시에 높다란 빌딩 짓고 공장도 짓고
새로 지은 기술로 자연에다 온갖 짓 다해버리고
새로 지은 기기(器機)로 인간은 온갖 짓 다 즐기고
새로 지은 문명에 바벨탑을 지었다.

그러나 사람은 온갖 표정 꾸며 짓고 그럴싸한 자세 짓고
거짓말 지어내고 욕심 탓에 죄도 짓고
특권 독점하자고 끼리끼리 패 지어 남의 일 훼방 짓고
신이 지은 인간이 뒤틀려 변질하고
신이 지은 산과 들 흉물스레 망가지고
신이 지은 동식물 하나씩 멸종하고

신이 지은 지구는 더위 먹어 쓰나미 치고
우리 지은 관계도 우리가 비틀고
우리 지은 규범도 우리가 짓밟고
우리 지은 공동체 우리가 허물고
우리 지은 문명이 신나게 복수한다.

이제 우리는 무엇을 짓지?
우리가 지은 매듭 우리가 해결 짓고
언제나 웃음 짓는 해맑은 마음 짓고
푸근한 공동체 한데 얼려 지어서
사람스런 새 문명 정성스레 지어 볼까?

(『철학과 현실』 77, 2008, 권두시)

제3부

칸타타 : 계성 찬가

계성 한 세기, 모교여 영원하라

작사 : 김경동
작곡 : 이승선

서곡

(바리톤 독창)

"여호와를 경외함이 지식의 근본이니라"

(혼성 사중창)

"여호와는 우리의 목자시니 무엇이 부족하리요.
푸른 풀밭 시원한 물가에서 쉬게 하시는도다.
비록 우리가 음침한 죽음의 골짜기를 지나더라도
주께서 항상 함께하시니 두려울 것이 없도다.
선하심과 인자하심으로 우리를 인도하시니
우리가 여호와의 집에 영원히 살 수 있으리로다."

(알토 독창)

"주님은 우리에게 빛이요 진리시니
어두움 헤치고 나갈 길 비추시며
몽매의 굴레에서 자유롭게 하시도다."

어둠에 빛이 내리다

― 혼성 합창

하늘에는 암울한 역사의 먹구름
바람 앞에 등불처럼 흔들려 꺼져 가는
겨레의 명운이 경각에 달렸을 때
한 줄기 서광이 힘차게 뻗어내려
달구벌 동산에 육영의 씨 뿌리니
하나님의 깊은 뜻 계성으로 꽃피었네.

배움에 목마른 영남의 인재들이
암흑의 구렁텅이 빠져나올 지혜를
터득할 중등교육 처음으로 세웠으나
신교육에 어두운 백성의 외면으로
기독교 가정의 자녀가 반겼으니
그들이 접한 바는 새 하늘 새 땅이라.

신앙의 바탕 위에 신학문, 신문화,
신교육 수용하여 신도덕관 확립하고
자주와 자조 정신 상호 존중 자유 평등
인격 형성 지향하며 지식 발달 도덕 배양
목적으로 삼았으니

민족적 자아의식 독립정신 고취하여
애국사상 깨우쳤네.

3·1의 횃불 높이

— 남성 중창

나라 잃은 통한으로 온 겨레 울부짖고
이제나 저제나 자주독립 염원할 제
종교인 지성인 온 국민이 힘을 합쳐
민족자결 외치며 분연히 일으킨
대한의 3·1운동 달구벌에 미치니
계성의 스승 제자 죽음을 무릅쓰고
선두에서 봉화의 횃불 높이 올렸네.
서문시장 안에서 울리는 함성
"동포여 오늘부터 우리는 독립이오!"
독립선언 낭독하며 "대한독립 만만세!"
잔악한 일군경의 말발굽 기관총
마침내 만세시위 검거 진압 해산이라.

탄압도 꺾지 못한 계성인의 독립정신
대구 지방 항일운동 면면히 이어질 제
계성인은 언제나 용감하게 앞장섰네.

시련의 고비를 넘어
― 혼성 중창

일본의 군국주의 문화정책 허울 쓰고
학교와 교회로 마귀의 손길처럼
한글 사용 금지에 신사 참배 강요하니
고난과 핍박 속에 끈기 있게 저항하다
선교회의 후퇴로 폐교 위기 맞았으나
독자적인 면목으로 발전을 이어갔네.
기독교적 인간 교육 계성의 정신은
태평양 전쟁으로 혈안이 된 일본의
황도정신 위배하는 이단 중에 이단이라
성경 과목 아침 예배 강제로 폐지하고
교련 조회 군사훈련 수업 대신 근로 동원
계성동산 오십 계단 아름다운 느티나무
방공호 자재로 무참하게 베어지고
교문을 비롯한 금속 물품 걷어갔네.

마침내 일제의 마지막 몸부림
거룩한 계성의 이름마저 앗아가고
낯설고 낯설구나 공산중학 이름하니
오호라 계성의 참 모습은 어드멘가

부당한 고문과 박해를 무릅쓰고
하나님의 사랑과 인류의 정의를
부단히 외치며 항거하던 계성인들
난관을 이겨내고 겨레 앞에 우뚝 섰네.

아, 광복! 이제는 민주교육 (혼성 합창)

아아, 광복. 다시 찾은 조국!
아아, 계성. 다시 찾은 이름!
'자유, 정의, 사랑' 계성의 정신이여
민주의 날개 펴고 높이 널리 비상(飛翔)하리!

혼돈의 해방 공간 극렬한 좌우 대결
계성의 확고한 민주주의 신념과
엄연하고 한결같은 교풍에 힘입어
이제 막 싹트려던 자유 질서 지켰네.
전쟁의 혼란 속에 너도 나도 앞다투어
젊음을 무기 삼아 희생으로 조국 수호
천막 교실 교회 수업 사막 같은 환경 속에

교육의 샘물 파고 문화의 꽃 피웠네.

반백년을 맞으며 새로운 집을 짓고
탁월한 영어 교육 기술 교육 겸비하고
활발한 학생 활동 곁들여 장려하며
발전의 터 닦으니 전국의 모본이라.

변화 속에 내실 다져
— 남성 중창과 혼성 합창("…" 부분은 테너 독창 등 섞어서)

어언 간에 육십 성상 어머니 계성이여
혹독하고 잔인한 역사의 더미 속에
부패한 사회의 소금이 되었고
혼란한 시대의 길잡이 등불 되어
불의에 항거하고 압력에 굴함 없이
이 땅에 자유와 믿음의 씨 뿌리며
꿋꿋이 걸어온 보람의 세월.

뜻밖에 거듭되는 정치변혁 쿠데타
경제개발 공업화 도시화 근대화
변화의 거센 바람 높은 파도 몰아쳐
한층 더 높고 밝은 미래를 겨냥한
도약을 예비하여 특설반 운영하니
대학 진학 성과가 눈에 띄게 나타나
단연코 학교 명예 온 나라에 선양했네.

하나님 경외하고 자주 협동 창조 봉사
계성의 교육목표 새로이 되새기며
일흔 살 계성의 학풍 굳게 세웠네.

민주시민 자질 갖춰 자율로 교칙 준수
상경하애上敬下愛 정신 살려 명랑한 학교로
말과 행동 책임지고 양심을 지키는
계성인의 솔선수범 타인의 모범 되자.

"우리는 계성인임을 자각한다."
"우리는 아는 바를 실행에 옮긴다."
"우리는 환경 정화에 솔선수범한다."
"우리는 참 자유를 누리며 진리로 하나 된다."
밝음이 있는 곳에 그림자 따르는가
도약의 움직임 눈부시던 길목에
역사는 다시 한번 계성을 외면하나
고등학교 평준화로 역경을 맞았구나.

영광과 교차하는 도전의 역사 속에
여든 돌 맞은 모교 성숙한 모습으로
환난을 이겨낸 지난날의 광영을
미래의 위대한 발전의 씨앗 삼아
산업사회 도약하는 시대정신 살리자

더욱더 정진하여 사명을 다하자
기독교 정신으로 애국애족 자주 창조
근면성실 협동 봉사 다지고 또 다졌네.

하나님 경외하며 종교 교육 심화하고
사랑과 봉사 생활 정신 교육 강화하여
민주시민 자질 함양
충실한 기초교육 자주 탐구 능력 배양
과학기술 주력하여 산업사회 인재 양성
전인교육 강조하여 조화 있는 삶의 실현
민주 단합 정신으로 노동조합 거부하며
교육환경 정비하니
학생 활동 성숙되고 새 기상이 넘치도다.

더 나은 학교 환경 시설 확충 매진하며
창의적인 교육 개발 선진화에 박차 가해
차근차근 내실 다진 아흔 살 계성은
상위권 대학에 진학률도 높이고

자율적인 취미 활동 예술 분야 빛이 나네

어느덧 시대는 대망의 2000년대
세월이 바뀌면 새 술은 새 부대에
남녀 함께 새 단장 아름다운 학교 꾸며
활기차고 희망찬 미래를 준비하자
바야흐로 100주년 잔치날을 맞았네.

빛나는 계성의 아들들
— 남성 중창, 여성 중창과 혼성합창 등

(혼성 합창)

나라 잃은 설움 속에 겨레의 아픈 마음
달래는 이 누구던가
문화예술 씨를 뿌려 찬란한 꽃 피우고
풍성한 열매 거둔 계성의 인재들
달구벌이 좁구나 전국에 이름 날려
나라의 문화 발전 계성인이 선도하니
오호라 장하도다.

(여성 중창)

서양음악 유입기에 최초의 작곡 활동
성가대의 찬양과 성탄 축하 음악회로
교회음악 꽃피웠네.
'청록'의 맑은 시와 '사반의 십자가'
시인으로 소설가로 한국문단 거목이
계성에서 태어났네.
연극 미술 아우르는 나라의 예술문화
손색없이 이끌어 선구자 되었으니

오호라 장하도다.

(남성 중창)

건전한 정신은 건강한 육체에서
체육에서 계성은 단연코 압권이라
일찍이 축구 농구 유도를 장려하니
전국대회 휩쓸며 높은 이름 떨쳤네.
세계의 청소년유도선수권대회
계성의 건아들이 황금빛 수놓았고
LA와 서울과 애틀란타 올림픽
계성의 유도가 메달로 개화하니
오호라 장하도다.

(혼성 합창)

총회의 수장으로 종교계를 이끌고
대한민국 학술원에 학문으로 빛나고
대법원 판사로 법조계에 우뚝 서고
행정부의 장관으로 국가에 헌신하고

입법부의 의원으로 국민에 봉사하고
기업에 투신하여 나라 살림 일구고
사회의 어느 구석 샅샅이 살펴도
계성의 인재가 없는 곳이 없으니
오호라 장하도다.

하나님의 부름 받은
선구적인 선교사
헌신적인 교장 교감
뛰어난 교사 직원
훌륭한 교육과정
활발한 학생 활동
재단의 뒷받침
든든한 동문회
모든 힘이 하나 되어
계성으로 솟아나니
오호라 장하도다.

모교여 영원하라!

― 혼성 합창

칠흑 같은 어둠 속에
하나님의 빛이 있어
개명의 횃불 든 지
어언 간에 일백 년

민족 교육 산실로
개화의 선구자로
구국의 선봉으로
자유 민주 수호자로

문화예술 꽃피우고
학문에 빛나고
정치경제 공헌하고
사회에 봉사하고
억압과 역경 속에
시련과 진통이
끊임없이 닥쳐도
모든 수난 극복하고
세상의 빛이 되라

소금 되어 지키라
하나님 주신 사명
충실히 성취했네.

다가올 일백 년도
계성의 얼과 정신
세계화의 물결 타고
전 지구를 무대 삼아
더욱더 뻗어 나가
온 천지 밝혀 주는
새벽별 되리라
등댓불이 되리라.

하나님의 크나큰
축복이 있으리라
무한한 저력을
마음껏 발휘하여
무궁한 발전을
기필코 이루리라

영광 영광 우리 모교
계성이여 영원하라!
영광 영광 우리 계성
모교여 영원하라!

피날레 : 교가

— 독창, 중창, 합창(혼합으로 적절히 편곡하여)

(테너 독창)

앞에 섰는 것 비슬산이요

뒤에는 팔공산 둘렀다.

(남성 중창)

푸른 언덕에 계성학교는

반공에 우뚝이 솟았네.

(후렴 : 혼성 합창)

계성 계성 만세라

우리 계성 만만세

햇빛과 같은 너의 광채를

세상에 비춰라

영원무궁 비춰라

우리의 자랑인 계성아!

(소프라노 독창)

배움에 주려 울고 있는 자

여기 와 배부름 얻어라

(여성 중창)
어둠에 서서 방황하는 자
너희의 찾는 길 예 있다.

(후렴: 혼성 합창)

(혼성 사중창)
진리로 터를 세운 이 학교
새 생명 사해에 흐른다.
천지는 비록 변할지라도
계성의 정신은 영원히.

(후렴 : 혼성 합창 및 청중이 다같이)

* 본 교가는 전통으로 전해 내려온 것으로 본 저자의 작품이 아님.

[끝]

부록

철이 일등병

넓은 정원의 우거진 숲속에서 뻐꾸기의 서글피 우는 소리가 들려오는 아침이었다. 육군병원의 이층 5호실에서 창문으로 바깥 한길을 내다보고 있는 한 군인이 있었다.

왼쪽 팔을 붕대로 목에다 걸고, 오른손으로 턱을 괸 채 밖을 유심히 내다보고 있다. 방금 어떤 중학생이 한길로 지나가고 있다.

그 학생은 아주 영리하게 생겼는데 입고 있는 옷을 보아 집안이 가난한 듯하다. 일등병 철이는 지금 한길로 지나가는 그 학생, 매일 한결같이 책보를 끼고 이 길을 걸어가는 그 학생을 보면 볼수록 자신의 학생 시대가 머리에 떠오르는 것이었다.

× × ×

꿈속에 흘러간 세월이었다. 철이는 한가한 시골 부잣집의 독자로 태어나서, 부모님의 사랑을 한없이 받아 가며 자라났다.

그가 열다섯 살 되던 해였다. 어느 날, 아버지께서 지서에 볼일로 가셨는데, 해가 지고 밤이 되어도 돌아오시지 않으시므로 철이와 어머니는 걱정걱정 하면서 기다리고 있었다. 아버지가 계시지 않는 사랑방에서 열두 시 치는 소리가 난다. 그때 갑자기 총소리가 방의 적막을 깨뜨리며 환한 불꽃이 피어오르고 사람들의 아우성 소리가 나기 시작하였다.

"아하 이거 또 무슨 일이 생겼다. 큰일 났는데."

"글케 말이다. 해필 오늘 머가 바빠서 간단 말고? 다행 돌아오만 모르지만 안 오만 이거 우짜노? 에이 어젯밤에 꿈자리가 어지럽더라. 아이고 우짜꼬."

"그놈의 공비들이 또 내려왔는 갑는데 아부지가 오시는가 모르겠다."

이렇게 어쩔 줄을 모르고 당황하고 있을 때,

"철이 지거 어무이 기시는교?"

하는 굵으나마 떨리는 목소리가 들려왔다.

"에 아이고 이거 김 순경 아인교? 어서 들오소. 그래 우째 댔노? 이얘기해라 보자."

김 순경은 헐떡거리는 숨을 진정하면서

"저 그놈의 공비들이 지서를 습격 안 했입니껴. 그런데 철이 아부지가 총에 맞았어요. 지끔 좀 급할 깁니다. 얼른 가 보이소. 나는 바쁘니 갑니더." 하고는 어디론지 바쁘게 획 나가 버렸다.

"아이구 이걸 우짜노? 철아 니는 여기 있거라. 내 퍼뜩 갔다 오께. 아이고 어디 맞았는고…… 아이고."

"나도 갈랍니더. 같이 가요, 같이."

숨이 턱에 닿도록 막 달렸다. 어두움을 뚫고 천방지축 달렸다.

그들이 이렇게 악을 쓰며 달려 갔을 때는 금방 숨을 돌리시는 때였다.

"아이구 아부지 으응 으응 으응."

"아이고 이게 우쩬 일고? 그눔의 새끼들이⋯⋯ 이, 이 영감이 무슨 죄가 있다고 이랬노⋯ 오오⋯⋯."

"으음 ― ㅁ 처처철아⋯⋯ 니 고고공부⋯자⋯잘해라⋯응." 마지막 말을 남기신 아버지는 그만 운명하셨다.

모자는 땅을 치며 시체를 부둥켜 안고 대성통곡을 했다.

그 후 아버지를 잃은 쓸쓸한 두 식구의 생활이 계속되매 그들의 재산은 점점 줄어들기 시작했다. 쓰기는 써야 하고, 벌어다 대어 줄 사람은 없었다. 어머니는 생각다 못해 집에 남은 재산을 모두 긁어 팔아서 우선 대구로 올라왔다. 그리고는 조그마한 터를 얻어 바라크를 세워서 장사를 시작했다.

그러나, 장사에 아무런 경험이 없는 터이라 그들의 생활은 말이 아니었다. 그리고 어머니는 어쨌든 아들의 공부를 시키려고, 늦으나마 중학교에 입학시켰다. 남편의 유언을 따라 어떤 고난이라도 견디고 이겨서 아들의 공부만은 시키고 싶었다⋯.

철이도 역시 아버지를 생각하고, 또 저를 위해 애쓰시는 어머니의 공을 저버리지 않으려고 열심히 공부를 했다. 그러나, 철이에게는 좋은 친구가 없었다. 그는 나쁜 친구를 사귀었기 때문에 저도 모르게 한걸음 한걸음 타락의 구렁텅이로 빠져 들어갔다. 극장 출입이 자꾸만 잦아졌다.

심지어는 술집, 요리집에까지 발을 디디게 되었다. 그에 따라, 어머니께서 모아둔 돈이 축이 나곤 하였다.

철이는 얼마 가지 않아 부랑자가 되고 말았다. 공부는 멀리 내던지고 집이라고는 며칠 만에 그저 남의 집 들듯이 와서 콧등만 내보이곤 다시 나가서는 며칠이 되곤 했다.

한편 외로이 하루하루를 보내시는 어머니는 한없이 근심하셨다. 공부하라고 시켜 놓은 놈이 하라는 공부는 하지 않고, 어디서 무슨 짓을 하느라고 집에도 며칠 만에 오는 것이 무슨 까닭이 있다고 생각하셨다.

어느 날 저녁 때, 철이가 오랜만에 집에 왔을 때 그만 어머니에게 잡히고 말았다.

"야야, 니가 요새 머 하고 댕기노? 와 집에도 안 오고, 공부도 안 하고, 뭐 하노."

"……"

"야이 야야 답답하다. 말해라. 보자. 응? 어데 가서 머 하노? 어이?"

"……"

"속 답답다. 야야 말 좀 해라. 응? 야야 그르지 마고 이 얘기를 해라 보자."

"……."

"말 안 할래? 야야 니 돌아가신 아부지가 생각 안 나나? 안 부끄럽나? 응? 그르지 마고, 공부나 잘하만 어떻노? 말해! 우짤래? 말 안 하나? 안 할라만 나가라, 내 아들 앙이다. 나가라, 응? 나가 응? 나가! 후유……."

어머니는 흑흑 느끼신다. 그러나 철이의 귀에는 한없이 거슬리는 말이었으므로 문을 후닥닥 열고는 나가 버렸다. 그 후 다시는 돌아오지 않았다.

세월은 흘렀다. 봄이 지나고 여름을 맞은 6월 25일 평화스런 강토에 북한 괴뢰군이 침입해 왔다. 온 나라가 법석했다. 청년들은 분함을 못 이겨 서로서로 군문으로 몰려들었다. 불덩이처럼 전선으로 전선으로 달렸다. 철이도 군에 뛰어들고 말았다.

군에 들어간 뒤, 그는 자기의 과거를 무한히 뉘우쳤다. 돌아가신 아버지께 부끄러움을 금하지 못했고, 어머니에게도 그가 불효 자식이었다는 것이 더욱더 부끄러웠다.

"속죄를 해야지……."

일등병 철이는 안타까웠다. 곧 일선으로 달려나갔다. 탄환이 빗발친다. 가까이 대포가 작렬한다. 그 순간 그의 눈은 빛났고, 노여움이 하늘을 찔렀다. 아버지의 모습이 번득 눈앞에 나타나자 그는 자기도 모르는 사이에 수류탄을

안고, 적의 탱크를 향해 달렸다.
 그가 의식을 회복하고 눈을 뜨니 야전병원 한구석에 누워 있었다.

× × ×

 스르르 눈을 뜨며 주위를 살폈다. 바로 옆 침대에 있는 공 하사는 오늘도 그의 어머니가 찾아와서 얘기를 하고 있다. 철이는 가슴이 찌르르했다.
 "아 어머니 아직 살아 계십니까? 돌아가셨습니까?"
 뜨거워지는 눈시울을 돌려 무섭히 밖을 내다보았다. 한길에는 오십이 됨즉한 부인, 나이에 비하면 주름살이 많이 잡히고, 허리가 약간 굽은 부인이 지나가고 있다.
 철이는 어쩐지 그 부인이 유심히 보인다. 보고 또 보았다. 그는 순간 눈을 의심할 만큼 놀랐다.
 "아! 어머니 불효 자식 철이가 여기 있습니다."
 아아 이걸 어쩌나. 소리쳐도 못 들으시고, 미처 내려갈 수도 없고…….
 "어머니 거기 계셔요."
 내려다보니 많은 사람들 틈에 끼어 자꾸 걸어가신다. 자칫하면 놓친다. 안타까웠다. 그리하여 이층에서 창문을 열고 힘껏 내려 뛰었다. 잠깐 아찔함을 느끼고 정신을 잃었다.

몇 시간 뒤 옆에서 지껄이는 소리에 소스라쳐 눈을 떴다. 그리고 부르짖었다.

"어머니! 아! 어머니 불효자식 철이를 용서하세요."

철이는 머리맡을 살폈다. 그러나 그리던 어머니는 계시지 않았다. 처량한 뻐꾸기의 소리만 구슬프게 들릴 뿐이었다.

황소

그날 장은 흐지부지했다.

팔월 대목도 지나고 해서 그런지 전처럼 그리 성황을 이루지 못했다. 봉준은 오래간만에 짤아빠진 고등어 한 손과 장날 아침마다 여편네가 못 쓰게 된 지 오래된 조리 때문에 잔소리를 늘어놓는 것이 귀찮아서 새 조리 한 개를 사 들고는 그길로 바로 정약국으로 찾아갔다.

"약국 어른 기십니까?"

"어… 장 서방인가? 잘 오게."

하고 남달리 오뚝한 콧등에 걸친 돋보기 안경 너머로 굵은 눈망울을 굴리며 오물거렸다. 방 안에 들어서자 아무도 없는 것이 봉준에겐 반가웠다.

"저…… 일전에 대구 가아한테서 편지가 왔는데…." 하며 조끼 주머니에서 봉투째로 착착 접은 편지를 꺼내어 정약국 앞으로 공손히 내어밀었다.

이틀 전에 받은 아들의 편지를 글 모르는 그는 초조하게 장날을 기다려서 읍내 정약국에게 보여서 알리고 바삐 달려와서 들어서는 길로 두말없이 편지를 내놓았던 것이다. 언제나 그는 편지를 받으면 마을 안에 누구한테도 가지 않고 읍내 정약국 어른께 보이고는 의논도 하는 것이 일쑤였다. 무슨 사연인가 하는 궁금증에 편지쪽을 뚫어지게 들여다보며 고개를 끄덕이고 있는 정약국의 굵다란 눈을 따라 오르락내리락 눈알을 움직이고 있으려니

"으음… 또 돈이로구나." 하며 편지쪽을 방바닥에 탁 놓았다.

그때 봉준은 가슴이 덜컹했다. 그러나 그러한 기색도 모르는 듯 다시 지껄였다.

"할아버님과 집안 안부 드리고, 그러고… 아하! 그놈이 졸업반이구나, 그래서 돈이 한 돈 백만 원은 있어야 되겠다 캤네."

이 말에 봉준은 적잖이 놀랐으나 겉으로는 천연하게 외면을 하며 고맙다는 인사를 드렸다.

"예 잘 알겠임더. 이거 번번이 폐를 끼쳐서 죄송시럽기 짝 없임더. 그라고 니얼 모래 돈 가꼬 가겠다고 핀지 좀 해 주이소." 신신 부탁하고 약국집을 나섰다.

봉준은 가슴이 답답했다. 일년내 애써 농사지어 곡식을 팔아서야 겨우 잔돈푼이나 생기고 아들 학비도 내곤 했으나 올해는 어이할 수가 없었다. 지난 전쟁통에 작년도 흉년 지고, 올해도 가물이 지독히 심하더니 느지막에 비가 너무 내려서 채소 따위는 물론 낮은 데 있던 두어 마지기 되는 논은 죄다 썩어 버리고 겨우 높은 지대의 두어 마지기 논이 남아서 그걸로 겨우내 살 양식으로 돌아갈까 말까 한데, 게다가 운수가 나빠서 집에 기르던 닭까지 두 마

리만 남긴 채 스물여덟 마리나 병들어 죽고 보니 이제 정말 단돈 천 원 나올 구멍이 없었다. 곧 추수할 논을 몽땅 팔자니 겨울 양식이 걱정이고 이것저것 아들 학비 낼 궁리를 아무리 해 보아야 어쩔 도리가 없었다.

이러구러 걸은 것이 벌써 '4Km'라 쓰고 화살표를 써 놓은 돌표까지 왔다. 그는 글을 몰랐지만 그 돌표만 보면 십리로구나 하고 알 수 있었다. 거기서 그는 맥이 풀려 길가 누릇누릇한 잔디밭에 털썩 주저앉았다.

담배쌈지를 톡톡 떨어서 한 대 피워 물고는 뻑뻑 잇달아 빨며 다시금 생각에 잠겼다.

그놈이 졸업반이라 고등학교까지는 그럭저럭 졸업을 시켜야 할 텐데 이제 와서 졸업을 대여섯 달 앞두고 퇴학해서 이 촌구석으로 불러들이자니 그것도 한심하기 짝이 없었다. 여태는 어떻게 해서라도 공부를 줄곧 시켜 왔지만 지금에야 할 수 없는 형편이 되고 보니 아들의 장래가 막막하기만 했다.

봉준은 워낙 낫 놓고 기역 자도 모르는 무식꾼이기에 자신이 무식하므로 받는 고생과 멸시를 생각할 때, 이대 독자인 인호마저 등신을 만들기가 싫었다.

그래 인호만은 대학까지라도 시켜서 먼저 애비의 무식함을 덮어 주고, 다음으론 좀 더 이 사회를 위해서 큰일 하는 인물이 되도록 하겠다고 크게 마음 먹고 여지껏 모든 어려움을 겪고 어떤 때는 끼니를 굶고 어떤 때는 헐벗

으면서 싸워 온 것이다.
 그러나 막상 요 모양이 된 판에야 아무리 굳게 마음 먹고 꾸준히 이겨온 그였지만 어이할 줄을 몰랐다.
 그는 갑자기 벌떡 일어나서 길가 포플러나무 기둥에 담뱃재를 똑똑 떨고는 허리춤에 푹 꽂고 다시 걷기 시작했다.
 아들 공부는 어떻게라도 시켜야 한다. 그런데 우선 돈이 금방 없으니 어이할꼬? 그는 어지러워지는 마음을 가다듬으려고 기침을 크게 하고 머리를 절레절레 내어저었다.
 지나가던 총각놈이 픽 웃었다. 이윽고 봉준은 고함쳤다.
 "소를 팔아야지."
 팔십 줄이 넘어서도 근력이 멀쩡하신 아버지 장 첨지의 단 하나밖에 없는 재산인 황소 누렝이를 생각해 냈다.
 칠 년 전이다.
 집안이 안 피이려니 다 늙으신 아버지가 놀음판에 섞여서 논 두어 마지기와 암소 한 마리 있던 것까지 팔아 버리고 그 이듬해에 다시 노름을 해서 돈을 벌더니 그걸로 산 것이 바로 누렝이였다. 비록 올바르게 모은 돈으로 산 건 아니지만 농가에서는 없어서는 안 될 귀한 보배인 황소를 팔아서 돈을 장만한다는 건 고집 센 장 첨지가 쉽사리 허락할 문제가 아니었으나 지난번에 집에 암소를 팔아서 노름하신 아버지와 한바탕 싸울 요량을 하고 결심했다.
 요즘 시가로 황소 큰 놈이면 백하고도 삼사십만 원은 넉

넉히 받을 거라고, 또 등 너머 아무개네가 꼭 살 거라고 생각했을 때 봉준은 쓴 미소를 입가에 흘렸다.
 지난 장날만 해도 으레 장 보고 돌아오는 길엔 등 너머 마을의 윤 서방 집에 가서 화투라도 한번 치고 한숨 쉬어서 돌아올 그였지만 그날은 몹시 초조해서 곧장 집으로 내걸었다.
 그는 사립문을 밀치고 들어서며 두 마리밖에 남지 않은 닭들이 꼬꼬거리며 마당가의 거름 더미를 흩고 있는 것을 쫓을 생각도 않고 외양간으로 향했다.
 주인이 오는 것을 눈치챈 양 누렝이는 뱃속에 넣은 밥을 되씹어 삼키고 있던 것을 뚝 멈추고 벌떡 일어나서는 씩씩거리고 있었다.
 봉준은 소 가까이 갔다. 금방이라도 어디로 팔아 버리기나 하듯이 소의 잔등을 어루만지며 중얼거렸다.
 "이놈의 소야, 우리 누렝이야! 니가 팔리야 아아가 공부를 한데이."
 그러고는 혼자 눈을 섬벅거리고 입술을 깨물며 사랑방으로 갔다.

 그날 밤.
 사랑방에선 집안 중진 회의가 열렸다. 역시 아들 인호에 대한 문제를 토의하기 위해서였다.
 아버지 장 첨지의 거만하게 앉은 데서 저만큼 떨어져서

봉준은 꿇어앉았다.

"저 다른 기 아이고 오늘 핀지 정약국 어른 뵈옵고 사연 들었는데, 인호란 놈 돈 부치라는 깁다."

이러고는 아버지의 입에서 나올 무서운 말을 기다리듯 눈치를 살폈다.

"또 돈이가? 얼매고?"

"저… 한 배 백만 원……."

언제나 하듯이 그는 비상한 결심을 해야 이런 말이 나오는 것이었다.

인색한 첨지인지라 돈 얘기만 나면 고함치는 것이 일쑤였다.

"돈 없다. 핵고고 뭐고 다 치아라. 돈이 어데 있노? 니가 벌어놨나? 다 치아라!"

이럴 때면 봉준은 굽실거리며 사정을 한다.

"그래도 내년 삼월에 조롭하는데… 그 따문에 돈이 마이 든답니더."

"돈이 없다. 니도 빠이 알멘서 고런 소리만 하고 댕기나? 치아라. 니일이라도 니러오라 캐라."

아버지의 이런 말을 들으면 봉준 자신을 공부 시켜주지 않은 아버지의 심정을 알고 몹시 미워지면서 "나는 저렇게 안 하겠다"라는 결심까지 하게 된다. 그러고는 한마디 덧붙였다.

"부모가 우예 그래야 할 수 있입니꺼? 오새 세상에 공부

안 하만 몬 삽니더. 빙시이(병신)라요."

언젠가 인호 때문에 갔을 때 정약국이 설명한 얘기를 아버지에게 되풀이하며 강조했다.

"오샛놈들은 공부 시케 놓으만 백지로 꼬꾸랑 껄깽이(지렁이) 글만 쓰고 헤굽은 소리만 하고, 와 그 귀한 우리나라 한문은 안 배우고 그래가 뭣에 쓰겠드노?"

이렇게 또 장 첨지는 장 첨지대로 제법 유식한 양 지껄이고는 담뱃대를 재떨이에 뚝뚝 떨며 "어험… 쿨룩 쿨룩 어… 험." 길게 기침을 한바탕 하는 것이었다.

"아하 그거는 안 그렇심더. 우예든고(어떻든 간에) 공부 안 한 놈은 오새 세상에 빙시이라요. 저… 더 칼 거 없이 저 소 저거 팔아서 돈 맹글어야 되겠임더. 아들 하나 있는 거 빙시이 맹글어 우염니꺼?"

봉준의 여간한 결심 끝에 나온 말이 아니었다. 이때까지 한 번도 아버지한테 반항해 본 일이 없었건만, 이 자리에서 와락 반항심(자신을 공부시켜 주지 않은 아버지에 대한 반항심, 단순하나 자식을 공부 시켜야 되겠다는 교육열)이 엉키어 일어났기 때문에 한 말 던지고는 벌떡 일어나서 얼굴을 붉히며 아버지의 청천벽력 같은 고함 소리를 뒤에 남기고 달도 없는 마당으로 나와 버렸다.

× × ×

이튿날 낮.

술기가 약간 있는 듯한 봉준이 퍼런 지폐 뭉치를 들고 들어와서는 대구에 갈 차비를 했다.

사랑방 문앞에선 이제 모든 것을 단념했다는 듯 맥없이 앉아서 죽은 사람의 눈같이 희멀건 눈으로 장 첨지가 먼 산을 바라보고 있었다.

봉준이 사립문으로 향해 나가다가 언뜩 외양간에 눈이 닿았을 땐 그의 꺼멓게 그슬린 뺨 위로 아무도 말리지 못할 두 줄기 눈물이 흘러내렸다.

| 후기 |

시인도 아니면서 세 번째 시집을?

시(詩)라는 글을 세상에 처음 발표했던 일을 한번 되돌아 보렵니다. 솔직히 이제부터는 어지간히 자신 없으면 시 쓰고 발표하는 일은 그만 하고 싶어서 말입니다. 그때가 1982년 5월이었으니 대학에서는 수업도 제대로 할 처지가 아니었을 만큼 교정에는 군인과 경찰이 득실거리고 학생들은 교실이 아니라 이름하여 '아크로폴리스'라는 도서관 전면 학생회관 앞 그리고 대학 행정관 뒤의 광장에서 소리 지르며 노래하며 시위에 몰두하던 시절이었습니다. 돌이켜 보면 지금도 가슴 아팠던 기억이 생생합니다. 교실에서는 멀쩡한 눈길로 교수의 강의를 듣던 학생들이 집회 현장에서 학생들을 해산시키라는 당국의 명(?)에 따라 출두하여 학생들의 모임을 둘러싸고 본분으로 돌아가라 권고하는 시늉이라도 해야 하던 교수를 바라보는 눈매에는 자기들의 정의로운 투쟁에 동참하지는 못할망정 오히려 저지하려는 교수의 비굴함을 꾸짖는 비수와 같은 날카로운 질타가 시퍼렇게 날을 세우는 모습에 질려 슬그머니 자리를 떠야만 했으니까요.

> 실은
> 어둡고 답답한 시대의 한구석에서
> 일그러져 가는 역사를 살며
> 함께 왜곡을 겪는 지성이
> 세월과 더불어 병들어 갈 수는 없다는
> 안타까운 넋두리 몇 토막일 따름인데…

하며 시를 쓰기 시작한 것입니다.

그렇게 시작한 것부터가 좀 어색한 변명에 불과한데도 같은 해(1982)에 두 번씩이나 『세계의 문학』지에 연작시 포함 각각 세 편의 시를, 그리고 이듬해(1983)에는 고故 이어령 선배께서 배려하신 덕분에 『문학사상』지에 한 편, 그리고 일반 교양지 『한국인』에 각 한 편씩을 발표하는 기세를 부리게 되었습니다. 속설에 의하면 이 정도면 시로써 문단에 등단한 셈이라 하더군요. 그런데 여기서 한 가지 세상 물정 모르는 백면서생의 본색이 드러나고 말았습니다. 염치도 없이 내친김에 그냥 다음해에도 세 번째로 『세계의 문학』지에 작품을 보냈으니 말입니다. 그때에는 당시 편집장이던 김우창 학형께서 점잖은 어투로 시쓰기를 전업으로 하시는 분들에게 기회를 줄 수 있도록 하는 게 좋겠다는 취지로 채택하지 못한다는 통보를 보내 왔던 것입니다. 이 말 속에 함축한 뜻을 그냥 "아, 나는 정식으로 시인이 아니로구나"라고 이해하기로 한 것입니다. 그래서 소생은 어디 가서 누구에게든 시인으로 자처하지 않습니다. 그냥 시 쓰는 사회학 교수지요. 그 뒤에 2000년대 초에는 네 군데 문예지에 단편 소설 두 편, 중편 소설 두 편을 발표하기도 했는데, 이를 두고도 소설가로 자신의 정체를 드러내지 않고, 역시 소설 쓰는 사회학 교수로 마음 편히 살아갑니다.

마침 그 무렵 모교 출신 문인들이 '계성문학회'를 꾸려서 동인지 『계성문학』을 간행하기 시작한지라 그때부터는 동인 문예지를 중심으로 시를 거의 매년 발표해 왔고, 드디어 1987년에는 한 권의 시집을 출간하기로 했던 것입니다. 그 첫 번째 시집이 "너무 순한 아이"를 표제로 해서 세상에 나갔습니다. 그런데 이로부터 13년 후(2000), 그사이에 써 모은 시를 엮어서 제2의 시집을 발간했는데, 그 제목은 "시니시즘을 위하여"로 바뀌었습니다. 여기서 주목할 것은 그 두 표제는 세상이 더욱더 비인간적으로 변질하는 게 아니냐 하는 느낌을 줄 수도 있겠다는 것입니다. 그냥 참고로 두 시집의 목차 일부를 비교 자료로 알려드리면 그런 감회를 이해하기가 쉬울 것 같습니다.

예를 들면, 첫 번째 시집에는 「하늘의 별 땅의 별」, 「낙엽」, 「우리 동네」, 「한강 다리」, 「여명」, 「장마」, 「추수」, 「겨울 잠」, 「빛을 머금은 바람아」, 「흐름」, 「길」, 「한마음」, 「가을」,

「코스모스」, 「눈 오시는 날」, 「이슬」 및 「고향」과 같이 평범한 주제의 시를 실었습니다. 물론 이때도 「시대정신」, 「마당놀이」, 「노도의 계절」, 「혁명」 등 현실 상황의 표상을 읊은 시도 담았습니다만 소수였지요. 그러나 시를 쓰는 사회학도는 그가 사는 시대를 외면할 수는 없는 법이지요. 이 점을 무척 고맙게도 하찮은 시집을 위해 고차원의 발문을 안겨 준 친우 고故 김윤식 교수(서울대 국문학과 명예교수)의 글 일부를 보시면 알 수 있을 것입니다. 좀 장황하지만 여기에 작은 부분을 옮겨 봅니다.

    김 교수는 지금 송욱 교수와 마주 서고 있습니다. 송욱 교수는 마당놀이도 대자보도 노래하지 않았지만 김 교수는 그것들을 노래했는데, 그 차이는 시의 사무사思無邪에 대한 새로운 인식에 관련될 것입니다. 이 가난한 시대에 어째서 시인가. 이런 물음은 사변적인 것에 치달아 가는 측면도 있겠지만 역사의식과 연결될 때라야 좀더 힘있는 것으로 남을 것입니다. 이를 두고 가시밭길이라 할 수 있겠는데, 이 길은 따지고 보면 고도성장으로 인간성을 잃어가는 우리사회의 산업화 과정을 날카롭게 분석하는 사회학의 과제와 나란히 가는 것이기도 합니다. 그의 시와 사회학은 마침내 둘이 아닌 하나일 터입니다. 그가 아침이슬을 마당놀이와 결합하는 여유를 갖는다면 그를 위해서도 다행이겠지만 우리 문학을 위해서도 즐거울 것입니다. 그는 이미 그런 각오를 최근에 보여주고 있어 인상적입니다. 그 한 구절을 보이면 이러합니다.

나 언젠가는 살얼음 깨고
　　　환생하는 그날
　　　찬란한 아침 햇살 머금어
　　　티없이 말간 풀잎에 구르며
　　　사뿐사뿐 날 수 있을 때
　　　지쳐 돌처럼 무거워진 시간을
　　　씻어주리라
　　　비워주리라

참고로 이 시의 제목이 바로 「이슬」이었습니다.

　이에 비해서 두 번째 시집에서는 "사람의 사회가 이토록 일그러지고 인간의 심사가 이토록 뒤틀리는 모습에 가슴 아픈 지성의 한 가닥 희망이 시가 되어 나온 것이리라"는 넋두리가 주류를 이루고 있습니다. 그 목차를 한번 선별적으로 훑어보기로 합니다.

　제1부 문명 : 「마음은 겨울」, 「절규」, 「땅의 수난」, 「시인의 붓이 시를 못 쓸 때」, 「세상사 저울질」, 「이름값」, 「망실의 흔적(1999년 말 제2천년대를 보내며)」

　제2부 정치 : 「보고픈 얼굴 듣고픈 이름」, 「손과 입의 계절」, 「변혁의 시대」, 「강 건너기」, 「산 오르기(개혁의 시대에 부치는 단상)」, 「우리네 정치에 없는 것 있는 것」, 「What's Wanting, What's Abundant, in Our Politics」(미국 Duke대학 사회학과 콜로퀴움에서 발표하기 위해 번역한 글), 「차라리 선거 없는 세상」, 「청문회」, 「헤쳐 모여」, 「자리」

제3부 사회 : 「외딴 시골 이름 모를 역」, 「폐허에서 (1988.6.24. 서울대학교 총장실 난입 현장에서)」, 「불장난」, 「표류선」, 「우리도 강남 사는데」, 「COLLAPSE 무너져 내림의 허탈을 읊음」, 「나는 F다 I Am F(IMF 시대 한국의 자화상)」, 「고개 숙인 희망」, 「모두가 네 탓이오」, 「신문을 본다」

제4부 시니시즘에 부치는 송시(Ode to Cynicism-연작시) : 「껍질 벗기기; 일명 스트립쇼(striptease)」, 「말 잔치 빈 잔치」, 「잘난 사람 못난 사람」, 「스타를 기다리는 군상들」, 「역사 읽기」, 「시니시즘을 위하여」

이처럼 두 번째 시집이 좀 날카로운 칼날을 품은 시로 그득하다는 인상을 받을 만한데 이 책의 발문도 서울대학교 국문학과 명예교수 고故 향천向川 김용직 선배가 써 주셨으니, 그 내용 일부를 소개하겠습니다.

    시인의 관을 쓰기 전 김경동 교수의 전공은 사회학이었다. 그 무렵까지 그는 오랫동안 대학 강당을 차지한 사회학교수였고 또한 그 분야에서는 단연 높은 봉우리를 이룬 터였다. 전공 분야 관계의 논문만도 여러 권의 책이 되었고 국제적인 명성도 획득한 연구자였다. … 그런 김경동 교수가 시인으로 등장했다. 어떻든 이것은 당시 우리 주변의 화제가 되기에 족했다. 새삼 이를 것도 없이 지금은 전인 또는 완인이 태어날 여지가 없는 시대다. … 지금은 그런 낭만이 학살된 지 오랜 계절이다. 이제 우리는 전공만에 매달려도 숨이 가쁜 시대를 산다. 그럼에도 김경동 교수(정확하게는 시인이지만)는 이런 시대의 기류와 다르게 시집을 내는 사회학자이다. … 우리 시단의 이색일 수 있음을 뜻한다. … 우리 지방에서는 일상 생활에서 말이 지나치게 다듬어지는 일, 예각적으로 쓰이는 일을 경계한다. … 그리고 일상생활에서 김경동 교수는 이런 행동원칙에 매우 충실한 편이다. 그러나 그의 작품에 쓰인 언어는 이와 사뭇 다르다. … 김경동 교수는 그의 전공에 관계되는 담론에서는 풍자나 비판등 예각적 언설을 삼가는 편이다. 그러나 시의 경우에는… 쌓이고 쌓인 비판의식을 집약해서 터뜨리고 그것으로 그의 시가 이루어진다. … 그리하여 한 시대의 지성이 발산하는 정신의 풍경을 빚어내는 것이다. 그동안 우리 주변에서 제작된 시 가운데 이런 류의 작품이 아주 없지는 않았다. 그러나 김경동 교수처럼 다른 분야에서 얻어낸 의식이나 감각을 시를 통해 표출한 예는 거의 없었다. 그런 의미에서 이번 시집은 매우 이색적이며 뜻깊은 것이다. 이제 나는 이 시집 발간을 축하하는 자리에서 들 술잔을 생각하는 중이다.

실은 그 시집이 나오고 2년 후에 학교에서 정년을 맞게 되어 있었던 터라 내심으로는 퇴임을 하고 나면 이제 다 내려놓고 빈 마음으로 세상을 관조하며 가슴 따뜻하게 어루만져 주는 서정시나 좀 쓰며 마음 편히 지내야겠다는 생각을 한 적도 있습니다. 이번 시집에는 그런 소망을 실현한 작품을 담고 싶었지만, 역시 능력 부족에다 시를 제대로 쓰고 싶으면 더 열심히 습작도 많이 시도해 보고 그랬

어야 하는데, 이번에도 미처 거기까지는 가지 못한 채 서둘러 책을 내게 되어 스스로도 유감스럽기 그지없습니다만 염치 없이 실행하고 말았습니다.

　이번 시집의 특징을 굳이 내세우라면, 그건 개인의 사적인 정서를 담는 시도 좀 부드럽게 다듬어 보려 했고, 그보다는 본격적으로 '문명'을 여러 각도로 다루는 시를 조금 보탠 것이 특징이라 할 것입니다. 이 문명의 문제는 본인의 최근 학문적인 관심의 핵을 이루고 있는데, 그런 변화도 바로 2000년에 책 한 권(『김경동의 문명론적 성찰: 선진한국, 과연 실패작인가?』)을 낼 때부터 시발한 것이라 감회가 각별합니다. 그래서 본인의 소망은 "이제 우리는 무엇을 짓지?"라는 문명론적인 시에 담아 보았고 그 질문이 이번 시집의 표제가 된 것입니다.

　그리고 명색이 시집인데 거기에 또 거추장스럽게 꼬리를 달아야 하게 되어 송구하지만, 양해 구하고자 함은, 이 두 편의 짧은 소설도 아닌 잡설(콩트)이 저자의 인생에서는 아주 의미심장하다고나 할까요. 하여간 한 번도 세상에 알려지지 않은 글로서 그냥 버리기에는 아쉬운 정이 잔뜩 깃들어 있는 작품입니다. 저자가 계성학교 중3 때(1951) 교지 『계성』 8호, 그리고 이듬해 고등학교 1학년 때 9호에 실린 것들입니다. 그러니까 지금부터 74년 전의 일입니다. 그중에서 제8호에 발표한 「철이 일등병」이라는 글은 그해 최초로 개최한 학교 글짓기 선발대회에서 특선 작품으로 뽑혀서, 하루는 아침 조회 시간에 전교생 앞에서 단상에 올라가 직접 본인이 낭독을 하라는 명을 받고 그때만 해도 낭랑했던 목소리로 읽어 준 덕에 학교의 유명 인사가 되기도 했던 일화를 남긴 글입니다. 그러나 이들의 원본은 나이 들면서 잦은 이사와 해외 생활 등을 거치며 오랜 기간에 어디론가 자취를 감추고 말아서 몹시 안타까웠던 차에, 마침 지난해 계성학교에 근무하며 동문 중에 특별 인사를 만나 모교를 회상하는 인터뷰를 하러 온 먼 친족 젊은이(김호일 계성고 주무관)를 만난 김에, 미안하지만 이 글이 담긴 묵은 교지를 좀 찾아보고 찾으면 꼭 알려 달라고 부탁한 결과 다시 품게 된 작품들입니다. 실은 이 두 글 외에도 다른 한 편의 소설은 아직 찾지 못한 상태입니다.

여하간 좀 빗나갔습니다만, 비관적이랄까 그런 두 번째 시집을 낸 지가 벌써 4반세기가 훌쩍 지나 버렸네요. 올해가 2025년이니까 말입니다. 게다가 생각지도 않게 제자들이 무슨 기념 문집을 내고 간략한 모임이라도 가지려 한다는 전혀 기대하지 않던 제안을 해 왔습니다. 금년이 9순(만 89세)이란 겁니다. 참으로 이렇게 오래 살아도 되나 하는 감개와 함께 저들의 정성에 무어라 말로 할 수 없는 고마움을 흠뻑 느끼면서 저들에게 한 가지 선물을 해야겠다는 생각을 하게 되었습니다. 세 번째 시집 말입니다. 이제는 시를 더 쓰지 않아도 되겠다는 생각도 들었는데, 사실 이런 허접스러운 시라면 굳이 더 쓰고 싶지도 않은 터라 비록 시 같지 않은 시 모음이긴 해도 말하자면 지은이의 마음속을 들여다보기에는 심심찮은 읽을 거리라 여기고 무료할 때 한번쯤 감상(?)하시면서 김 아무개 시인 아닌 시인과 가졌던 인연을 추억해 보시면 어떨까 하는 욕심(?)마저 품어 봅니다.

  이 시집에는 이 글모음을 칭찬해 주시려는 한송寒松 장경렬 교수와 옥민沃民 정재서 교수의 소중한 글을 담았습니다. 바쁘신 가운데 이처럼 과분한 글을 써 주신 두 분은 서울대 출신 인문학 분야의 교수이자 수필 문인 모임인 숙맥菽麥의 동인이십니다. 두 분께는 각별한 감사의 뜻을 전하고 싶습니다. 그리고 어려운 시기에 별로 쓸모없는 책을 출판해 주신 푸른사상사의 한봉숙 대표님과 맹문재 주간님, 편집부 여러분께도 고마운 마음 보냅니다.

  우리 집에는 4교4박四敎四博이 함께 사는데, 전부가 박사 출신 교수(둘은 현직)들이라는 농담입니다. 모두가 각자 바쁘지만 본인의 글쓰기에는 '글공장'이라는 핀잔을 주면서도 항상 큰 정신적 지주가 되어 주는 공동체라 늘 감사하며 살아갑니다.

2025년 8월 찌는 무더위 속에
雙鶴洞 三亦齋에서
浩山 아룀